JN065110

心を癒す街角の記憶

世界で見つけた！

噴水と
過ごす「幸せ」な時間

地蔵保幸

噴水人・ヒューマニスティックアナリスト

コスモ21

カバーデザイン◆中村　聡

　1979年、私はまだ何の目標や目的もない少年でした。

　その年、両親が日本周遊の一人旅に行かせてくれました。

　3週間だけ。でも、とっても長い夏の3週間。

　きっと成長させたかったのだと思います。何の目的もなく過ごしている息子を。

　それは中学2年生の私にとって凄く怖い経験で、旅先に着いても、緊張であまり動きまわることができませんでした。

　ある日の夕方、買物のついでに近くの公園まで散歩したことがあって、もう場所は覚えていないのですが、そこに一つの噴水があったのです。

　噴水の周りにいた楽しそうで、幸せそうに談笑する人たち。その人たちを見ていたら、なぜかとても感動しました。

　そのときです。「他の噴水を見てみたい！」と思ったのは。

　自分で何かをしたいと心から思ったのはそのときが多分はじめてでしょう。この感動の正体が何なのかはよくわかりませんでしたが、ただそれがとてもワクワクしたものだったことだけは覚えています。

　40年経った今になって思えば、これは私にとっての小さな成長でした。それ以来、私は噴水ファンの一人として、何かにつけ噴水と出会うために世界中を旅しています。

　ファンの楽しみ方はいろいろです。噴き出される水の高さや大きさ、形状に魅了されている人や、銅像や水盤など、水によって新たに命が吹き込まれた「造形物」に思いを巡らす人、水に触れたい人や水音に包まれたい人などなど。

　興味関心は人それぞれですが、私の楽しみ方は、ただただ噴水を見て感じることです。これは第六感を働かせるというより、一種の洞察といえるでしょう。

　噴水はある意味、目に映る姿が常に新陳代謝しているので、視覚的に観察するだけではなく、その奥底を見通していくことで、はじめて感じられるものがあります。そもそも、一つの噴水の背景には、

そこで暮らす人々の生活や環境、そして文化があります。多くの事柄が互いに影響し合って醸しだされている本質を見抜いていくのです。

　時折、「あの噴水と、この噴水の何が違うの？」と聞かれることがあります。しかしそれは、飲料水と海水の何が違うのと言われているようなものです。

　私はこれまでに、世界六大州約100カ国の噴水に会いに行くことができました。四季の変化が明確な日本においては、だいたい10月下旬から４月初旬、特に真冬は噴水の水が噴き出されていないところが多いので、出会うのも一苦労ですが、全都道府県に至っては何周も巡り噴水を探し回ってきました。

　世間に広く知られているものから、知られていないもの、人目につくものから、人目につかないものまで。

　世界中の約3000カ所以上の噴水を見てきて思うこと、それは、水と造形物の融合によって現われる素晴らしさと、そこに存在する噴水の意味と意義です。

　今回、皆さんが手にとってくださったこの本には、噴水の素晴らしさと可能性が書かれています。その魅力はもちろん芸術の力であり、さらにはなにか魔力的ともいえるような神秘的な力、水の力や霊力のようなものを合わせもっています。ぜひ、それを感じてください。

　流水も、流れが２つ以上重なれば噴水になり、

　放水も、放たれる水に風が強く吹きつければ噴水になり、

　散水も、飛び散る水に犬が戯れれば噴水になり、

　落水も、山肌からただ滴り落ちるのではなく、そこに意図があれば噴水になり、

　湧水も、こんこんと湧き出す水の側で子供が笑顔になれば噴水になります。

　噴水、それは水と造形物との果てしない可能性。

　互いの歩み寄りから生まれた私たちへの贈り物。

世界中には、さまざまな場所にさまざまな種類の噴水があります。公園の中の噴水、交差点の噴水、駅前の噴水、ビルの谷間にある噴水、文化施設の美術館や博物館の噴水、街やホテルのシンボリックな噴水、家の庭にある家庭用噴水、最近では室内噴水や卓上噴水などバラエティに富んでいます。

　造形物のデザインや大きさ、材質、水の量や形に高さなど、国や地域、文化や目的によってもその傾向は異なります。基本的には水と造形物のシンプルな組合せですが、多様な表情を生み出しているのです。

「所変われば品変わる」という言葉がありますが、一見同じように見えても、噴水もまた所変われば別のものに変わります。何か越しに見ると表情が変わって見えるとでも言いましょうか。置かれた環境によって姿かたちの印象や意味の異なるものとして、それぞれが唯一無二の存在感を出しています。

　噴水にはそんな魅力と可能性があるのです。

　最近では、高々と空高く噴き上げられる大噴水や、ライトアップと音楽がコラボレーションしたイルミネーション噴水ショーなども人気を集めています。

　ただ見ているだけでもその美しさは私たちの目を楽しませ、心を癒しますが、造形物と水がつくりだす空間は、そこに身を寄せる私たちに、本を読む場所、休息する場所や食事の場所、待ち合わせ場所などを提供してくれます。そこはまるで、人と自然が溶け合っているかのような憩いの場所です。

　噴水には存在するにふさわしい価値があります。

　だからこそ、そんな噴水の存在感が、多くの人を引き寄せているのでしょう。

噴水は自然の恵みである水の特性を利用して、人間によってつくられたものですが、そこには自然と人間との共生を感じずにはいられません。

　噴水の周りに人が集まるのは、噴水のある場所に幸せがあるからです。そう考えると、人生は噴水探しのように思えます。

世界で見つけた！ 噴水と過ごす「幸せ」な時間……もくじ

Part I　世界で出会った「感じる噴水」

・この本の使い方

　今、私の周りには、噴水の話をすると興味をもって聞こうとしてくださる方が数多くいます。そして、趣味にされる方も増えてきました。最近ではインスタグラムを通じて、世界中の噴水好きの方や噴水をつくられている方との交流もさせていただいています。

　そのような多くの皆様のご要望にお応えするために、本書は、噴水の基本情報はもちろん、噴水の多くの可能性をお伝えすることで、噴水の魅力を知り、噴水を身近に感じていただけるような内容になっています。ちなみに、ここで言う思考指数と感情指数は、「PartⅡ」でくわしく説明する思考表現度と感情表現度のことです。

　本書にある63基の噴水を見て楽しむだけではなく、噴水によって自分自身の心と体を調整していくことにも役立つことでしょう。「PartⅠ」では、第一弾となった『生きづらい自分がすーっと楽になる「こころのゆるめかた」』同様に、私が訪れた約100ヵ国で出会った噴水からみなさまにぜひご紹介したいものを厳選してピックアップしました。有名な

ものからあまり知られていないものまで、前作を上回る63基の噴水との出会いをご体験ください。

　噴水の写真を眺めながら、噴水からの「声（メッセージ）」を読んでみてください。きっと噴水から聞こえるその言葉に、新たな気づきを得ることもあるでしょう。

　噴水の「思考指数」「感情指数」（『噴水心理指数』）からは噴水の神髄を悟られるかもしれません。実際に会いに行きたくなったら、記載の情報を参考に行かれてみてください。

　「PartⅡ」の(一)では、噴水の効果についてお話しています。前作でも一般的に知られている効果をはじめ、私たちの五感に働きかける癒し効果についてお伝えしましたが、今回はさらに幅広い様々な効果を取り上げています。噴水の大きな可能性を感じながら、得たい効果を手に入れてみてはいかがでしょう。

　また、悩みや問題の解決、心身の調整などに役立つ「噴水セラピー」についても前作に引き続きお伝えしています。自分に合った

噴水、自分に必要な噴水を把握することはもちろん、これまで言われたことも聞いたこともない「噴水は人である」という視点が、私たちの想像以上に、その効果が期待できるものであることに驚嘆されるでしょう。

「Part Ⅱ」の㈡では、噴水の魅力を多くの方々に感じていただくために、「噴水を味わうときに覚えておいてほしい10のこと」についてお話しています。噴水を見てほしいタイミングから、噴水との過ごし方に至るまでの大切なポイントです。ただ眺めてきただけという人には目からうろこの話の数々でしょう。あれやこれやと考えながら、噴水の魅力を余すことなく味わってください。

最後に「Part Ⅱ」の㈢では、「噴水語り」についてお話しています。要は、自分が出会った噴水のことを物語のように話したり、聞くことで、ほっと休める時間をつくろうとするものです。自分の物語だけとは限りません。他者の物語であっても、そこには不思議と人を癒す力があって、いつまでも余韻に浸ることができます。

物語の内容は別に楽しいものである必要はありません。噴水との出会いから学べることがいっぱいあるのです。そのことを、後半に紹介する「噴水との小さな出会いの物語」からもわかっていただけることでしょう。

ぜひ、本書で噴水の奥深さを知ってください。それは皆様にとってこれまで以上に噴水を身近に感じていただくことにつながります。もしかしたら、噴水のある生活を思い描くかもしれませんよ。

なお、本書内容には広範囲に及ぶ専門領域が含まれておりますので、ある特定の分野から見たら理解しにくい箇所があります。そのため、下記のような使い方も提案させていただきます。

☆噴水の勉強として利用される場合は、「PartⅠ」の63基の噴水をどのように見るのかがポイントになります。そのうえで「Part Ⅱ」にある内容は、学びの垣根を越えた確認作業になることでしょう。

☆噴水を癒しとして利用される場合は、「Part Ⅱ」の㈠の「噴水の効果」を参考にされるといいでしょう。「噴水を擬人化して見る」という視点や「噴水セラピー」の内容は、あなたの心身のケアにも役立つはずです。

「噴水はいつもあなたの味方」をお読みいただいている頃には、噴水がそばにあることの心強さを感じ、あなたを癒すものの一つに間違いなく噴水がなっていることでしょう。

☆噴水を楽しみたい場合は、「PartⅠ」と「Part Ⅱ」まで順番にお読みいただくことをおすすめしますが、お急ぎの方は「Part Ⅱ」の㈡「噴水を味わうときに覚えておいてほしい10のこと」や㈢の「噴水語り」や「噴水との小さな出会いの物語」に楽しむヒントがあるかもしれません。

何を目的にするにせよ、「Part Ⅱ」の㈠にある、噴水というものが「何か」ではなく「誰か」であるという、噴水＝人という視点をもつことが、噴水から多くのものを得ることにつながるでしょう。

最後に、掲載した噴水の写真は、多くの皆さんに興味と関心をもっていただきたい、またどの地域にお住いの方でも訪れることが可能なように、という思いから、世界六大州の100カ国の噴水、約3000カ所の中から、できる限り広範囲にわたって選びました。

実際に行ってみるのもいい、写真を見てイメージを膨らませて楽しむのもいい。本書を利用して噴水を思いきり楽しんでください。

Part I

世界で出会った
「感じる噴水」

トンネルを抜けると……

自然の植物に人工的な形を加えた美しい庭園です。草花のトンネルを抜けると視界に入ってくるのが、ギリシャ神話の巨人エンケドラスを戦いの女神アテナがまるで今ここで投げつけて倒したかのような迫力を感じる造形物です。その存在感に思わず圧倒されてしまいます。高々と強く噴き出される水からは、強い感情を伴う大きな声が聞こえてくるようです。

ベルサイユ宮殿の優雅な庭園と、華麗な噴水

ルーブル美術館やエッフェル塔、セーヌ川など見どころに溢れるパリ。ローヌ川とソーヌ川の2つの美しさに酔いしれるリヨン。オレンジ色の屋根の街並みと青い海の色の見事な調和に目がひきつけられるニースをはじめ、モン・サン・ミッシェルやボルドーなどフランスには多くの美しい名所が点在しています。なかでも、ベルサイユ宮殿はフランス随一の美しさを誇る観光スポットでしょう。フランスの素晴らしさがぎゅっと凝縮されたような優雅な庭園と華麗な噴水たちを、ご覧ください。

ベルサイユ宮殿のエンケドラスの噴水

フランス / ベルサイユ

自分は何もできないと嘆くあなたへ

あなたは頑張り屋かも。自分をより良くするために、もっと成長させるために、努力を惜しみません。しかし、十二分過ぎるほどできているにもかかわらず「もっとできる」と追いつめていませんか？　それでは、何かを失敗したわけでもないのに、漠然とした焦りや不安を抱えてしまいます。いつもどこかで「何もできていない」ように感じて、自信も持てなくなってしまうでしょう。今大切なのは「何かをできるように」動くことではありません。「何もできていないわけではない」ことに気づくことです。今の自分をもっと褒めてあげましょう。

思いこみから
解き放たれよ！

メッセージ

いつになっても
チャレンジできないのは、
できないと思っているから。
できると思えば大体のことはできる
ものだよ。

アクセス

パリ市内からの移動手段は、電車、バス、タクシーなどがある。目的地までタクシーで約30分。電車であればモンパルナス駅からベルサイユ・シャンティエ駅まで約12分、そこから徒歩約20分。ポン ドゥ セーヴル駅からバスで約30分、そこから徒歩約7分。パリ・シャルルドゴール空港から目的地へはタクシーで約45分。パリ市内へはタクシーでも電車でも40分程。

アドレス

Place d'Armes, 78000 Versailles, フランス

噴水心理指数

思考指数：■■■■■■
　　　　　■■8

感情指数：■■■■■■
　　　　　■7

美しい庭に現れた、大海原

美しい豪邸の外観を損なうことなく存在する手入れの行き届いた美しい庭に、シンプルながらも主張あるデザインの造形物があります。それはまるで大型客船を受け入れる港のような、荘厳な雰囲気を醸し出しています。噴き出される大小さまざまな水たちは水面を激しく揺らし、大海原に現れては消え、寄せては返す波のような勇ましい表情を見せています。

丘の上の邸宅「カサ・ロマ」

カナダのトロントは、北は北極圏に、南はアメリカと接している大都市です。たくさんの高層ビルがたち並び活気に溢れています。

そのトロントの有名な観光スポットの一つが「丘の上の邸宅」という意味のカサ・ロマです。お城のような外観の大豪邸には豪華な100程の部屋や秘密の通路など見どころがたくさんありますが、広大なお庭とそこにある噴水も間違いなく見どころの一つでしょう。

カサ・ロマの
お庭の噴水

カナダ / トロント

人の目が気になるあなたへ

あなたは物事を深く観察する能力に優れている人かも。

ですから、相手の気持ちや想いを考えた対応ができていることでしょう。それは自己中心的な現代において無くしてはならない能力です。でも、周囲の人を過剰に意識してはいませんか？ それでは常に緊張した状態が、不安やストレスを高めてしまいます。自分のために生きてあげることも忘れないでください。大切なのは、自分の気持ちや想いも巻き込んだ洞察力です。

一筋の光明！

メッセージ

賢いって思われているかな？
美しいってみられているかな？
格好良いって思われているかな？
いちばん大事なのは、
自分にとって自分がどう見えるかだよ。

アクセス

トロント・ピアソン国際空港から目的地までは、タクシー、バス、電車などの移動手段がある。タクシーで約25分。バスの場合は乗り継ぎを含めて、最寄バス停のBathurst St At Alcina Aveまで約1時間20分、そこから徒歩約10分。電車の場合はユニオン駅で乗り継ぎDupontまで約45分、そこから徒歩約9分。

アドレス

1 Austin Terrace, Toronto, Ontario M5R 1X8, カナダ

噴水心理指数

思考指数：■■■■■■
　　　　　■■8

感情指数：■■■■■■
　　　　　6

 ## 4つの噴水 (クワトロ・フォンターネ) イタリア / ローマ

噴水Story

まるで美術館のような
ローマの交差点

ローマを流れるテヴェレ川の男神と、フィレンツェを流れるアルノ川の男神。ローマ神話の主神ユピテルの娘、女神ユノと女神ダイアナをモチーフにした４つの芸術的な彫刻が、交差点四隅にある建物の一部分としてあります。一角に立つとまるで美術館にある作品の中にいるようで、街の喧騒を一瞬忘れさせてくれます。各所から静かに噴き出される水の音に意識を集中すれば、それぞれが発する独特な声のように聴こえてきます。

Spot

ローマの隠れスポット？？
「クワトロ・フォンターネ通り」

ヨーロッパの中でもたくさんの見どころのあるイタリアは、世界で最も世界遺産保有数の多い国です。なかでも、首都であるローマは食や芸術、建築などの文化的魅力がつまった、観光客に人気の都市です。あまり観光客が訪れない場所にも、素敵な観光スポットがたくさんあります。４つの噴水（クワトロ・フォンターネ）もその一つでしょう。バルベリーニ広場前のクワトロフォンターネ通りとクイリナレ通りとの交差点の四方に噴水はあります。

不平不満ばかりのあなたへ

あなたは競争意識の強い人かも。勝てば喜びもひとしおです。しかし、何事も勝負が全てと考えていませんか？ 負けることへの不安はストレスを感じさせます。勝ちたい気持ちが満たされなければ、不平不満も当然多くなるでしょう。負けて悔しいと思ってはいけないのではありません。勝つことがあれば負けることがあるのも人生だから。でも、勝敗に固執していては苦しいことばかりです。過程や経験といった人生の大切な部分も見落としてしまいます。先ずは勝ち負けの結果に関係なく、自分自身が楽しく頑張れたかどうかを大事にしましょう。

いつも見守っているよ！

メッセージ

私は愛されない？
愛されたいなら
先ずは愛されたいように
人を愛すること。

アクセス

フィウミチーノ空港からの移動手段には、電車、シャトルバス、タクシーなどがある。目的地まではタクシーで約40分。ローマ市の玄関口であるローマ・テルミニ駅までは、電車で約32分。シャトルバスであれば約60分。※ここから→タクシーであれば約35分。そこから徒歩約15分、タクシーであれば約5分。

噴水心理指数

思考指数：■■■□4
感情指数：■1

アドレス

Via del Quirinale, 23, 00187 Roma RM, イタリア

日常の中に、優しく噴き出す

いろんな形態の建物が並び、一見、乱雑な感じの街並みの無造作に張り巡らされた電線の下にシンボル的存在の立派な造形物があります。…電線の中にと言った方が良いかもしれません。それは、ここで暮らす人々の生活の一部として垣間見える瞬間だからです。優しく噴き出される水は周囲の空気をまとった独特の雰囲気を感じさせています。

Spot

フィリピンの首都マニラは、自然の美しいルソン島にある

セブ島やマクタン島、世界のベストビーチにも選ばれたボラカイ島など、フィリピンは大小7000もの島で構成されている国です。また、年平均気温が26度から27度の温暖な気候のため東南アジアを代表するビーチリゾートとしても知られています。首都マニラがあるのが、世界三大夕陽などの美しい自然や世界遺産登録された歴史的建造物でも有名なルソン島。街の空は電線で埋め尽くされ、そこにある噴水は生活感漂う景色の一部になっています。

barangayの環状交差点の噴水

フィリピン / マニラ

誰も信頼できないあなたへ

あなたは心配性な人かも。

物事を軽く考えることなく、納得するまで思いを巡らせるので、大きなミスをしません。しかし、心の底ではいつも疑念を持っていませんか？ それでは、些細なことも気になって、人を信じることに迷いが生じます。不安は高まるばかりで心も晴れないでしょう。この世は信じられない人ばかりではありません。大切なのは、無理して人を信用しようとするのではなく、先ずは、心配や疑念を持つ必要のない人、つまり「信頼できる人」を見抜くこと。常に人の言動から心境を読もうとしているあなたならできるはずです。

メッセージ

噴水を みんなのもとへ！

どんなに苦しくても、どんなに寂しくても相手を想える。愛するってそういうこと。

アクセス

ニノイ・アキノ国際空港からの移動手段にはエアポートタクシーやエアポートバスなどがある。目的地までエアポートタクシーで約35分。渋滞した場合は倍以上の時間がかかる。目的地近くまでバスや地下鉄を利用する方法もあるが、エアポートタクシーをすすめる。

アドレス

1078 Ongpin Street,Santa Cruz,マニラ市,1003 マニラ首都圏, フィリピン

噴水心理指数

思考指数： ■■■■■■
6

感情指数： ■■■3

6本の水が守る、
三人の女性

三人の女性が後ろ向きになって背中を合わせている造形物はとても艶やかで、手首のひねりと衣装の線のバランスの美しさに魅了されます。三人の頭上の器から優しく噴き出される6本の水は、女性たちを包んでいるかのような形状です。まるで三人で何かを守り、守られている何かが三人を守っているような姿に心が温まります。

チリ最大で最古の大学
「チリ大学」の近く

チリは北部の砂漠、南部の湖沼地帯といった大きく異なる風土を楽しむことのできる南北に細長い国です。中央部に位置する首都サンティアゴは、アンデス山脈とチリ海岸山脈に囲まれた盆地にあります。古い建物から新しい建物まで様々な建築物が立ち並び、大都会でありながら歴史も感じさせる街です。つまり、チリは一つの国の中で色々な顔を見ることのできる、驚くほど見どころの多い南米の国といえるでしょう。異なる顔を見せる三体の女性像の噴水は、チリ最大で最古の大学であるチリ大学の近くにあります。

ヌエバ・ヨークで見かけた噴水

チリ / サンティアゴ

三人寄れば
文殊の知恵！

メッセージ

やりたいことが見つからないの？
何もしていなければずっと見つから
ないまま。
いろいろやっていればやりたいもの
も見えてくるよ。

アクセス

サンティアゴ空港から目的地までの基本的な交通手段はタクシーかバスにな
るが、バス移動の難易度は少々高めなので、タクシーがおすすめ。タクシー
で約20分。混雑がなければ3000円程。市内主要ホテルからなら10分程度。ち
なみに、最寄のバス停はUniversidad de Chile。地下鉄の最寄駅は
Estacion Universidad de Chile。いずれの下車地からも徒歩約3分。

噴水心理指数

思考指数：■■■■4
感情指数：■■2

アドレス

Calle Nueva York, Santiago, チリ

狭い通りに、小さいカメさん

この場所にあるの？　と思ってしまう街中の狭い通りに、何よりも皿の上にいるカメが絶妙な配置で、まるで全体のバランスをとっているように見える彫刻があります。見れば見るほどこだわりと繊細な美しさに引きこまれ、このような噴水が四方を建物に囲まれた小路の一角にあることに驚かされます。優しく噴き出される水と共に、乱れた心を整えてくれます。

Spot

噴水に溢れる街 ローマ

古代より水の豊富さで知られているローマにはシンプルな造りのものから複雑な造りのもの、小さいものから大きなもの、記念碑的なものから飲料用と思われるものまで、約5,000もの様々な噴水があるといわれているように、街は噴水で溢れています。まさに街を歩けば噴水にあたるといった言葉通りです。四大河の噴水やトリトーネの噴水、トレビの泉やネプチューンの噴水など見ておきたい噴水がローマにはたくさんありますが、亀の噴水も間違いなくその一つでしょう。

 亀の噴水

イタリア / ローマ

人の真似ばかりする
あなたへ

あなたはとても人懐っこい人かも。どんな人にも好かれる親しみやすい雰囲気があります。しかし、自分に自信やこだわりがないのではありませんか？ それでは「あの人のようになりたい」と思うと、少しでも共通点を持とうと必死になります。他者を基準にすることが当たり前になると「周りと一緒」という安心感は得られますが、やがて個性を忘れてしまうでしょう。大切なのは「自分の人生を生きる」こと。問題なのは「自分の良さを理解していない」こと。自分の中にある「もっとアピールできるもの」を見つけていくことが必要ですよ。

よっこらしょ〜
どっこいしょ！

メッセージ

私は幸せじゃないと悲しまないで。
あなたは誰と比べていますか？
一人ひとり幸せは違うもの。
大切なのは、自分の幸せを見つけだすこと。

アクセス

フィウミチーノ空港からの移動手段は、電車、シャトルバス、タクシーなどがある。目的地まではタクシーで約50分。ローマ市の玄関口であるローマ・テルミニ駅までは、電車で約32分。シャトルバスであれば約60分。タクシーであれば約50分、そこから徒歩約30分。タクシーであれば約10分。地下鉄で最寄駅のArgentinaまで約15分、そこから徒歩約4分。

アドレス

Piazza Mattei, 00186 Roma RM, イタリア

噴水心理指数

思考指数：■■■■4
感情指数：■■□2

天空を背負う男性像

円形の水盤の中に落ち着きはらった黒い造形物があります。神殿のような格式を醸し出す八角形の台座中央には、繊細な彫刻のあしらわれた重厚な塔があります。印象的なのは、頭頂のアトラスを思わせる男性像。天空を表現したような重荷をもつ姿は困難に負けじと前向きに力強く頑張っているようで、噴き出される水が躍動感ある瞬間、瞬間を継続的に生み出しています。

都会の中でものんびりと、ベンチに座りながら

オーストラリアは総面積が世界6位の広大な国です。雄大な大自然をはじめ、歴史的な建造物や動物など見どころが多いことから、いくつもの個性的な街で思い思いに様々な過ごし方が楽しめます。ヨーロッパ調の歴史的な建物と緑豊かな公園のあるメルボルンであれば、都会にいながらものんびりと過ごすことができることでしょう。Gordon Fountainのある公園のベンチはそれを実現させてくれる場所です。

Gordon Fountain

オーストラリア / メルボルン

嫌われていると
落ちこむあなたへ

あなたは皆に好かれるように生きていこうと誓った人かも。でもときどき、自分は嫌われていると思うことはありませんか？ ショックで精神的に打ちのめされることでしょう。そんなとき、「あなたを嫌いな人はいる。でも、好きな人も必ずいるから悩まないで」と当たり前のことを言われても、苦しさは助長するだけ。特に嫌われるのが嫌なあなたに大切なのは、何となく嫌われることをやらないように、もっとしっかり好意と善意を示すことです。そのうえで嫌われるなら仕方ないと思えるよね。

醒めることのない夢！

メッセージ

想ってくれる人が
一人いる。
「ただ
それだけでいい」

アクセス

メルボルン空港から目的地までは、タクシーやバスなどの移動手段がある。タクシーで約30分。バスであれば乗り継ぎを含めて、最寄バス停のExhibition Stまで約45分、そこから徒歩約6分。

アドレス

74-108 Spring Street,East Melbourne VIC 3002, オーストラリア

噴水心理指数

思考指数：■■■■■■
6

感情指数：■■■■■5

イブと向き合うアダム、そこにあるのは……

海の運河を挟んだ対称の西側の位置にあるイブの噴水と同様に、ここはまるでエデンの園。鳥がさえずる緑豊かな美しい自然に囲まれた八角形の水盤の中央にアダムの像はあります。精神的な苦しさにもだえ悩んでいる様子が表情からうかがえ、アダムを包み込むように周囲から噴き出される16本の水流とともに、見る人の心を強く刺激しています。

Spot

観光都市サンクトペテルブルクで、芸術に触れる

世界で最も広い国ロシアの首都モスクワに次いで、工業・学術・文化の中心地として栄える街が、観光都市サンクトペテルブルクです。ロシア西部に位置するサンクトペテルブルクは歴史的な雰囲気を感じるだけでなく、オペラやバレエ、文学などの芸術の宝庫で、世界三大美術館の一つであるエルミタージュ美術館などでの芸術鑑賞が楽しめます。ロシアのベルサイユとも呼ばれるペテルゴフ宮殿では150以上もの噴水芸術に魅せられることでしょう。

「ペテルゴフ」 夏の宮殿 アダムの噴水

ロシア / サンクトペテルブルク

君は輝いているか？

不満を抱えているあなたへ

あなたは完璧を追求している人かも。

だから、物事へ不十分な対応をしている人をみると不満をもちませんか？ 許せなくなることもあるでしょう。それは大きなストレスをあなたに与えます。確かに、物事は「こうあるべき」という信念は、それにふさわしい言動をとらせます。しかし、あなたを含めて完璧な人などいません。世の中は、理想通りにはいかないことも多いのです。大切なのは、「こうあるべき……とは限らない！」という柔軟な考え方も追求すること。他人が変わらないなら、あなたが変わるしかないのです。

メッセージ

あなたは
どんなふうに生きたい？
それがわかったら
きっともっと
幸せになるよ。

アクセス

プルコヴォ空港からの移動手段にはバスとタクシーがある。おすすめはタクシー。目的地までタクシーで約40分。バスの利用ならば、地下鉄とバスを乗り継いで約2時間15分。サンクトペテルブルク市内中心部へは、バスと地下鉄を乗り継ぎ約1時間、タクシーでは約30分。市内から目的地へは地下鉄とバスを乗り継ぎ約1時間45分。タクシーでは約50分。

アドレス

Razvodnaya Ulitsa, 2, Sankt-Peterburg, ロシア

噴水心理指数

思考指数：■■■■■■
6

感情指数：■■■■■■
■7

♥ **Parque Forestal の噴水** チリ / サンティアゴ

 噴水Story

大海原へ、ここから旅立て

小さいながらも美しい帆船が帆にいっぱいの風を受けて航海しているような造形物の物凄い迫力に、思わず圧倒されてしまいます。船内と船外に見受けられる船人の姿には必死の覚悟が伝わってきます。実際、噴き出される水は荒波渦巻く大海原のようで、嵐に見舞われ、波にもまれながらも恐れることなく突き進んでいるような勇姿に冒険心を掻き立てられずにはいられません。

Spot

Weather? Wine? Woman?
No, Water!

チリには6つの世界遺産があります。もっとも有名なのがモアイ像のあるラパ・ヌイ国立公園（イースター島）でしょう。遠出して6カ所全てを巡る旅ももちろん楽しいですが、チリは何といってもWeather（良い天気）、Woman（美しい女性）、Wine（美味しいワイン）の3つのWの国といわれています。なかでも、チリを支えるサンティアゴはその意味の実感できる街です。

おすすめな人

スランプに陥っている
あなたへ

あなたは自分に自信のある人か
も。しかし最近、突然訳もなく
何をやっても上手くいかなくな
ってはいませんか？ きっと、ど
うして自分が？ という思いも頭
をかけ巡っていることでしょう。
それでは気分も落ちこんでしま
います。しかし、人生は誰しも
思うようにいくことばかりでは
ありません。もちろん、あなた
も。順調に生きられるというこ
とは凄いことではあるけど当然
のことではないのです。今この
瞬間を決して当たり前と思わな
いで。

この海は俺の海！

メッセージ

悲しみや辛いことが多かったんだね。
でも、その経験の一つひとつが
笑って生きていく力になる。
そう思うよ。

アクセス

サンティアゴ空港から目的地までの基本的な交通手段はタクシーかバスにな
るが、バス移動の難易度は少々高めなので、タクシーがおすすめ。タクシー
で約15分。混雑がなりれば2500円程。市内主要ホテルからなら10分程度。ち
なみに、最寄のバス停はParque Forestal、そこから徒歩約4分。

アドレス

Parque Forestal Calle Merced 115,Providencia, チリ

噴水心理指数

思考指数：■■■■■■
　　　　　■■8

感情指数：■■■■■■■
　　　　　■7

パリの街で見る サン・ピエトロ広場

世界最小の国家バチカン市国の
サン・ピエトロ広場にある噴水
を模して造られた噴水が、パリ
で1番面積の大きな広場にあり
ます。細部まで施されたきめ細
やかな造形美は、大きな二重の
水盤の重厚感溢れる威厳と共に
圧倒的な存在感を創り上げてい
ます。深緑色と金色の配色に勢
いよく噴き出される水が輝きと
潤いを与えて、優雅な雰囲気を
醸し出しています。

フランス革命の舞台 「コンコルド広場」

ヨーロッパの観光地の中でも随
一の人気を誇るフランス。なか
でも首都パリには、人生で一度
は訪れたいスポットがたくさん
あります。名画が勢揃いの美術
館や世界遺産登録されている歴
史的建造物、そして美しい街並
み。花の都といわれる華麗なる
パリに多くの観光客が魅了され
ています。フランス革命時代に
市民が自由を勝ちとるために戦
った場所「コンコルド広場」も
その一つでしょう。美しい噴水
はパリで一番大きな広場のシン
ボルです。

 # コンコルド広場の噴水

フランス / パリ

周囲に合わせられない
あなたへ

あなたは自分をもっている人か
も。感じたままを大事にするた
め嘘がつけません。しかし、赤
裸々すぎてはいませんか？　それ
では、人とのやりとりに不具合
が生じます。気が付いたら周り
に人がいなくなって、疎外感や
孤独を感じることでしょう。人
が何を言おうと、自分がどう思
われても、まるで気にならない
ようではいけません。「合わせな
くていい」はもうやめる！「合
わせる」ことが今の時代に必要
な能力だからです。それは「人
と同じになる」ことではありま
せん。人のことにも「全力で手
伝ってあげる」ということなの
です。

閃きを信じて！

メッセージ

追い込まれないと
頑張ることができないというけど
本来、人間とはそういうもの。
逃げられない状況は
あなたを強くしているよ。

アクセス

パリ北駅からの移動手段は、電車、バス、タクシーなどがある。目的地まで
タクシーで約10分。徒歩であれば約40分。バスであればConcordeまで約20
分、そこから徒歩約3分。地下鉄であればコンコルド駅まで約15分、そこか
ら徒歩約3分。ちなみに、パリ・シャルルドゴール空港からパリ市内（パリ
北駅）へはタクシーでも電車でも40分程。バスなら約60分。

アドレス

Pl. de la Concorde 75001 Paris, フランス

噴水心理指数

思考指数：■■■■■■■
　　　　　□7
感情指数：■■■■■5

 # Patung Kuda Arjuna Wijaya インドネシア / ジャカルタ

噴水Story

勇ましき馬、馬、馬!!

たくさんの馬にひかれた馬車に人が乗る壮大な彫刻があります。思わず平伏するような力強さのあるアルジュナ・ウィジャヤの像です。危険や困難を恐れず勇猛果敢に突進していく姿を想像させます。噴き出される水の水量は凄まじく、馬が大地を力強く蹴り上げる強靭な足捌きと馬車の車輪が勢いよく回る様子が見事につくり出されています。

Spot

首都「ジャカルタ」のシンボル、モナスの展望台からもみえる

約300の民族がいるといわれるインドネシアは世界有数のビーチリゾート地であるバリ島、スラウェシ島やスマトラ島など1万3000以上もの島からなるといわれています。ジャワ島北西の海岸に位置するのが首都ジャカルタです。シンボルである約130mの独立記念塔（モナス）の展望台から目と鼻の先に見えるのがPatung Kuda Arjuna Wijayaです。

おすすめな人

人のことばかり考えて
心が疲れているあなたへ

あなたは愛情ある人かも。相手の気持ちを大切にするため、人から好かれます。しかし、自分の気持ちに蓋をしていませんか？ 相手の気持ちばかり優先しては、自分の本音が出せなくなります。尽くし過ぎて、自分の身をすり減らしてはいけません。「やってあげたい」のだと思います。でも、全てが自分を忘れてまで「やらなきゃいけないこと」ではありません。「自分を気にする余裕」がなくならないことをやりましょう。大切なのは「無理かもしれない」という違和感を見逃さないことです。

これが私の歩む道！

メッセージ

生きるのが苦しいの？
でも、どんなに辛くても生きていけるのは
あなたが大切なものをもっているから。
それを忘れないでね。

アクセス

スカルノ・ハッタ国際空港からタクシー、バスなどの移動手段があるが、タクシーがおすすめ。目的地近くまでタクシーで約30分。但し、混雑具合により倍以上かかることも。独立記念塔（モナス）を目標にむかう。バスと電車を利用した場合、最寄駅のStasiun Gambirへは約1時間50分。

アドレス

Jl. Medan Merdeka Barat No.21, RT.5/RW.2, Gambir, Kecamatan Gambir, Kota Jakarta Pusat, Daerah Khusus Ibukota Jakarta 10110

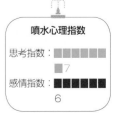

噴水心理指数

思考指数：■■■■■■
　　　　■7

感情指数：■■■■■■
　　　　6

鶴の噴水　オーストラリア / シドニー　

噴水Story

ダンスをする12羽の鶴

円形の水盤の周りに12羽の鶴の像が
あります。羽を優雅に広げたり、首
を伸ばしたり、なかにはダンスをし
ているような鶴もいて、それぞれの
異なる動きを見ていると今すぐにで
も大空に飛んでいってしまいそうな
雰囲気です。「また必ず帰って来いよ
…」中央から噴き出される幾本もの
水は、長い旅になるであろう鶴たち
の旅立ちを見守る優しい風のように
感じます。

Spot

港湾都市シドニーの中心部、
美しきダーリングハーバー

広大な国土を有する南半球の国オースト
ラリア。国内最大都市である港湾都市シ
ドニーには、オペラハウスやハーバーブ
リッジがあります。シドニーと聞いて多
くの人が思い浮かべる景色がこの2つの
シンボルのあるシドニー港の景色ではな
いでしょうか？ 世界一ともいわれるハー
バーの美しい景色が、シドニーならでは
の風景といえます。噴水はシドニー中心
部のダーリングハーバーにあります。

自分を見せられない あなたへ

あなたは恥ずかしがり屋な側面がある人かも。

控えめな態度を一貫しているため、決して人前で調子にのるようなことはありません。きっとその姿勢に安心感を覚える人も多いことでしょう。しかし一方で、自分の考えや気持ちを人に伝えることは苦手ですから、「何もしない人」と見られてしまいます。それでは良好な人間関係をつくれません。今の自分で「大丈夫、なんとかなる」と楽観的に考えず、失敗やミスを恐れず行動しましょう。「何かをもっている人」と見られるように。

天使が舞い降りる！

メッセージ

気持ちを伝えることは
そう簡単ではないよ。
大切なのは、
心も身体も斜め45度で相手に向き合うこと。

アクセス

シドニー国際空港から目的地までは、タクシー、バス、電車などの移動手段がある。何を利用しても、シドニー市内へも目的地へも約30〜40分。市内のハイドパークからなら歩いて約10分。Museum駅やSt. James駅からは徒歩約12分。

アドレス

ダーリングハーバー,241B Sussex Street,シドニー2000, オーストラリア

噴水心理指数

思考指数：■■■■■5
感情指数：■■■3

これは「小便小僧」？それとも……

上の像だけに目をやれば、世界各地に存在する本来の小便小僧ではなく、水を噴きあてられて驚いた様子の子供が何ともユニークな「小便小僧風」の造形物です。一瞬見ただけでは頭に思い浮かべる像と見間違えてしまうほどの意表をついた大胆な作品だけに、子供同様に思わず驚いてしまいます。噴き出される水も心なしか勢いが強く、悪戯感をより感じさせています。

世界で2番目に噴水のある街、カンザスシティ

数多くの見どころをもつアメリカの中心に位置することから「ハート・オブ・アメリカ」と呼ばれるカンザスシティは、映画「オズの魔法使い」のドロシーの故郷として知られる街です。また、200以上の噴水があることから、世界で2番目に噴水のある街としても有名です。なかでも、アメリカで最も古いショッピングセンターとされるカントリー・クラブ・プラザでは、多くの噴水を街の至る所で見ることができます。

カントリー・クラブ・プラザ内で見かけた小便小僧風の噴水

アメリカ / カンザスシティ

あれっ？予想外！

おすすめな人

運が悪いと嘆くあなたへ

あなたは毎日を一生懸命過ごす人かも。何も悪いことはしていません。しかし、物事を後向きに考え過ぎる傾向はありませんか？ それでは、日々の何気ない出来事も悪く意識し過ぎてしまいます。きっと「ついていない」と思うことでしょう。決して、悪いことの後には良いことがあるとは言いません。でも、不運を嘆いていても焦りは募るばかり。そんなときは、周りの人の幸運を自分のことのように喜んでみたらいい。それが、前向きな考え方へと変わるきっかけになるはず。要するに、運気はあなた次第。めぐり合わせをどう見るかが大事なのです。

メッセージ

一生の出来事に
出会えたのなら
もっとも良いことを望み
もっとも悪いことに備えること。

アクセス

カンザスシティ国際空港には、タクシーやシャトルバスなどの移動手段がある。目的地までタクシーで約30分。シャトルバスと路面電車（ストリートカー）を利用したら約1時間40分。公共交通機関がバスと路面電車しかないので、タクシー又はレンタカーがおすすめ。

噴水心理指数

思考指数：■■■3
感情指数：■1

アドレス

302 Nichols Rd,Kansas City MO64112, アメリカ合衆国

この鹿さん、
近づくと危険……

大きな角が立派な鹿の頭が建物の出入口の両壁に飾り付けられています。壁につけられていなければ実物と見間違うほど精巧にできていますから、思わず見入ってしまいます。それが狙いなのでしょう。そんな私たちを、鹿の角から噴き出される水がまるで生き物のように容赦なく襲ってきます。再び目をやれば、どことなくしたり顔しているように見える鹿さんです。

ザルツブルクにある
「ヘルブルン宮殿」

ヨーロッパのほぼ中央に位置するオーストリアはドイツ、チェコ、ハンガリー、スロバキア、スイス、リヒテンシュタイン、イタリア、スロベニアの8つの国に囲まれた国です。ドイツと国境を接するオーストリアの都市にザルツブルクがあります。Salzburgは Salz＝塩、Burg＝城が意味するように、岩塩で栄えた街であることが都市名の由来となっています。観光名所の一つであるヘルブルン宮殿は、思いもよらないところから水の噴き出される噴水庭園が有名です。

ヘルブルン宮殿
鹿の壁掛け仕掛噴水

オーストリア / ザルツブルク

努力が報われないと悩むあなたへ

あなたは優しく繊細な人かも。真面目にコツコツと物事を前に進めます。しかし、肝心のところであと一歩を踏み出す勇気をもっていますか？ 臆病になっていては、どんなに一生懸命に努力してもチャンスを逃します。やがて、努力すること自体が無意味だと思うでしょう。勿論、努力したからといって全て報われるとは限りません。でも、報われる報われないということ以前に、全力を出して頑張った自分自身を認めてあげることが大切です。先ずは、これまでの自分をどう解釈するか。そのうえで「あなたはどんな行動をとりますか？」

気にしても仕方ないことはスルー！

メッセージ

良い話に
いつも騙されてしまうんだね。
大切なのは、
その話を「誰が言っているのか」と
いうことなんだよ。

アクセス

ウィーン国際空港からの移動手段には、タクシー、バス、電車などがある。ザルツブルク中央駅まで電車で約2時間40分、ザルツブルク中央駅からはタクシーで約20分。バスであれば最寄りのSchloss Hellbrunnまで約25分、そこから徒歩約5分。ザルツブルク空港からザルツブルク中央駅へはタクシー、バスなどの交通手段がある。目的地までタクシーで約15分。ザルツブルク中央駅までバスで約25分。タクシーであれば約20分。

アドレス

Fürstenweg 37, 5020 Salzburg, オーストリア

噴水心理指数

思考指数：■■2
感情指数：■■2

🌱 バークジーパーク 犬の噴水　カナダ / トロント　🇨🇦

噴水Story

ワンちゃんから、噴水！？

３層になった円形の造形物の中と周囲に、本物そっくりの27匹のワンチャンたちがいます。中心のてっぺんにある金の骨を目掛けて水を噴き出す様子は、どこか微笑ましく優しい光景です。ワンチャンの口から元気よく噴き出される水の音に耳を傾ければ、ワンチャンの鳴き声が？ 時折、猫の声？ が聴こえるのは、猫も１匹まじっているからです。いったい何を伝えたいのかな？

Spot

本物ワンちゃんと会いに行こう♪

多くの人が賑わう都市の顔と圧倒的な大自然の顔をもつカナダの最大の都市であるトロントは、CNタワーをはじめとする高層ビルのたち並ぶ活気溢れる大都市です。そんな大都市の中にあるオアシス的な公園「バークジーパーク」にあるのが犬の噴水。子どもから大人までワンちゃん好きにはたまらない噴水で、そこに本物のワンちゃんを連れた人たちが散歩でやってくると、まさにワンちゃん大集合といった様相です。

余計なことを言ってしまう あなたへ

あなたは心配性なところがある人かも。だから、行き当たりばったりの発言をせずに、物事を慎重に伝えることができます。でも、それが伝わっているのか不安になるのもあなたです。言わなくてもいい一言をつい付け加えてしまうことがありませんか？ もちろん、無意識な場合もあるでしょう。しかし、悪気があろうとなかろうと、その一言は相手を不愉快にさせます。人を信じて、信じた自分も信じること。それがあなたに必要な心の配り方です。

Wonderful World！

メッセージ

話だけを聞いて人をわかった
気になってはいけないよ。
足を　手を　身体を　顔を見て
言葉の向こう側を感じられて、
人ってはじめて理解できるものだから。

アクセス

トロント・ピアソン国際空港から目的地までは、タクシー、バス、電車などの移動手段がある。タクシーで約20分。バスの場合は乗り継ぎを含めて、最寄バス停のUnion Station Bus Terminalまで約１時間、そこから徒歩約５分。電車の場合はユニオン駅まで約25分で、そこから徒歩約６分。

アドレス

Berczy Park 35 Wellington St E, Toronto, ON M5E 1C6, カナダ

噴水心理指数

思考指数：■■■■■■
　　　　　■7

感情指数：■■■■■■
　　　　　6

噴水Story

テベレ川の氾濫を生き延びた、頼もしき舟

別名「舟の噴水」テベレ川の氾濫時に流れ着いた壊れた船が、浅瀬に浮かんでいる姿をモチーフにしています。沈みかかった船ですが、岸まで辿り着けた様子に安心と頼もしさを感じます。噴き出される水はトレビの泉と同じローマ水道の一つ「処女の泉」。手を伸ばせば飲むこともできる水質の良い綺麗な水は、見ているだけで何かほっとした気持ちにさせられます。

Spot

スペイン広場は、「ローマの休日」でも有名

「全ての道はローマに通ず」「ローマは一日にして成らず」などの有名な格言にもあるローマは、芸術の街と称されるだけあって、古代遺跡や宮殿、美術館や広場、公園に噴水など街を歩けば多くの人たちが思わず息をのんでしまうような美しい景観に出会うことができます。トレヴィの泉やフォロ・ロマーノ遺跡、コロッセオやパンテオンにナヴォーナ広場など人気観光スポットがたくさんありますが、映画『ローマの休日』で有名なスペイン広場にあるバルカッチャの噴水もローマを代表する観光地です。

バルカッチャの噴水

イタリア / ローマ

ヨーソロー！

おすすめな人

自分を犠牲にしている
あなたへ

あなたは素直で優しい人かも。人を疑うことなく接するので頼りにされます。しかし、無茶な頼みを受け入れていませんか？ それでは、葛藤を抱えたまま生きることになります。平気なふりをしても、いつか限界がきてしまうでしょう。我慢が限界に達して感じるのは理由のわからない生きづらさです。普段は頼りにされるあなただから、逆にいざというときにはあなたが頼れる人が周りにたくさんいます。だから、自分を偽ったり隠したりせずに「本音」で人と接してください。大切なのは、自分が心良くできる範囲のことをすることです。

メッセージ

毎日が苦しくてたまらないんだね。
なぐさめの言葉と厳しい言葉。
あなたには
どちらが必要ですか？

アクセス

フィウミチーノ空港からの移動手段は、電車、シャトルバス、タクシーなどがある。目的地まではタクシーで約35分。ローマ市の玄関口であるローマ・テルミニ駅までは、電車で約32分。シャトルバスであれば約60分。タクシーであれば約50分、そこから徒歩約25分。タクシーであれば約15分。地下鉄で最寄駅のS,Claudioまで約10分、そこから徒歩約8分。

アドレス

Piazza di Spagna, 00187 Roma RM, イタリア

噴水心理指数

思考指数：■■■■■5
感情指数：■■■■□4

帽子の上には、おしどり夫婦

円形の水盤の中央にはピエロが被る帽子のような、形状の大きな台座があります。帽子の上にちょこんととまっているような2匹の鳥は、つがいでいることが多い「おしどり」です。身体を寄せ合った仲睦まじい姿を見ていると、ほのぼのとした気持ちになります。台座の上から12の方向へ流れるように噴き出される水のリズムは、2匹が積み重ねる時を刻んでいるようです。

「佐野ラーメン」で有名な佐野市、おしどり像も必見

関東地方に位置する栃木県は華厳の滝に中禅寺湖、戦場ヶ原に湯滝、日光東照宮など人気観光スポットが実に豊富な県です。また、日光湯葉に日光鱒寿司、宇都宮餃子などの全国区のご当地グルメも数多くあります。なかでも、竹を使用して麺を打つ「青竹打ち」で知られる佐野ラーメンは、日本を代表するラーメンの一つでしょう。佐野ラーメンで有名な佐野市のJR佐野駅前広場に「おしどり」像の噴水があります。

JR佐野駅前「おしどり」像の噴水

日本 / 栃木県佐野市

プライベート重視！

おすすめな人

オープンになれない
あなたへ

あなたはしっかりとした信念が自分の中にある人かも。

だから、人前で何が起きても自分を取り繕うことに長けています。しかし、本心を見破られないようにするがあまり、人と打ち解けられないことはありませんか？　それでは、人の輪の中に入ることもできません。人と仲良くなりたくてもなれないのです。あなたから話しかけるのは大変なこと…。それなら、周りから話しかけられるように隙を見せましょう。一番の隙、それは…屈託のない笑顔です。

メッセージ

話せないことがあっても
申し訳なく思わないで。
「何でも話をして」と言われても
話せないことや
言いたくないことの一つくらい
誰にでもあるものだから。

アクセス

JR小山駅から目的地までは、タクシーやバス、電車などの移動手段があるが、電車が便利。最寄駅の佐野駅まで約30分。駅前広場内。

アドレス

栃木県佐野市若松町539

噴水心理指数

思考指数：■■■■■5
感情指数：■■■■ 4

カメが、3羽!?

「親ガメの背中に子ガメを乗せて～子ガメの背中に孫ガメ乗せて～……～親亀こけたら、子亀孫亀ひい孫亀こけた」という笑話がありましたが、3匹の羽の生えた親亀、子亀、孫亀が重なり合っている姿を見ていると、まるで家族といるときのような温かい気持ちになります。噴き出される水は旅立とうとする孫亀に大声で檄を飛ばして鼓舞しているようです。

亀さん達には、亀戸駅前公園で会えます。

近代的な街並みと下町情緒が残るレトロな街並みが混在する日本の首都東京には、東京スカイツリーや東京タワー、浅草寺や柴又帝釈天など数多くの観光スポットがあります。都心から2時間程の奥多摩では、自然を満喫することもできます。東洋のガラパゴスと呼ばれる小笠原諸島も東京都。ちなみに、ダーウィンが進化論を着想したきっかけとなったガラパゴスゾウガメでも知られるガラパゴス諸島は、スペイン語でカメの諸島と直訳されます。亀戸駅前公園には大きな亀の噴水があります。

亀戸駅前公園の亀の噴水

日本 / 東京江東区

おすすめな人

不器用で損をしていると感じているあなたへ

あなたは一つのことに集中する能力に長けている人かも。

しかし、適当に行なうことができないために、臨機応変に動くことができません。周囲から融通が効かない人と思われていませんか？ 不器用な自分に不安や苛立ちも募ることでしょう。でも、器用な人は何でもそつなくこなすために、一つのことに徹することができません。いわゆる器用貧乏です。そう考えると、不器用はあなたの特徴。器用に生きたいなら直せばいいし、不器用で構わないならそのままでいい。どちらにしても焦らずに、しっかりと自分に向き合いましょう。

無茶と無謀は違う！

メッセージ

いつも自分の思いどおりに
いくとは限らない。
成功を考えるのではなく、
ときには、失敗を怖がって。

アクセス

ＪＲ東京駅から目的地までは、タクシーやバス、電車などの移動手段があるがタクシーと電車が便利。タクシーで約15分。電車であれば亀戸駅まで約20分、そこから歩いてすぐ。

アドレス

東京都江東区亀戸2丁目21－9

噴水心理指数

思考指数： ■■■■□4
感情指数： ■■■■■5

勢いよく昇れ！

まさに鯉の滝登りを表現した造
形物です。急流をイメージさせ
る壁を勢いよく昇る姿は、運気
上昇の気分を見る人にもたらし
ています。水中を気持ちよく泳
ぐ本物の鯉が錯覚して、「次は自
分の番」と思っているように見
えるのは私だけでしょうか？
壁をつたう水の記憶が残した流
線は、とても優しく穏やかな気
分にさせてくれます。

Spot

ベトナムの首都ハノイ、
シルクのお店の中で発見！

ビーチリゾートのダナンや古都
ホイアン、活気溢れる南部の街
ホーチミンなど南北に細長いベ
トナムの主要都市には、広大な
自然が広がる場所や世界遺産に
登録されている場所などそれぞ
れに異なる見どころがあります。
北部にある首都ハノイはフラン
ス統治時代の面影の残るどこか
ノスタルジックな異国情緒溢れ
る街です。中心地にある旧市街
の伝統工芸として有名なシルク
のお店の中で噴水を見つけまし
た。

旧市街のシルク店内で 見かけた 鯉の滝登り噴水

ベトナム / ハノイ

⭐

勢いづけて！

高望みに苦しむあなたへ

あなたは上昇志向が強い人かも。どのような状況でも物怖じせず、欲しいものを手に入れようとします。しかし、あまりにも高い目標を掲げていませんか？ 達成すれば問題ありませんが、思い通りにならないと自分を激しく責めたててしまうでしょう。冷静な判断ができなくなって「次こそは上手くいく」と考えていたら、また同じ結果になります。大切なのは、「できないこと」を無理して行なうのではなく、「できること」を今よりも優れたものにしようとすることです。先ずは、あなたが本当に望むもの、必要なものを見定めていきましょう。

メッセージ

人とわかり合えないもどかしさがあるんだね。
人は異なる気持ちをもつもの。
わかり合いたいのなら、
わかり合えないことの
当たりまえを前提に
スタートしたらいい。

アクセス

ノイバイ国際空港から市内へは、タクシーとミニバスの移動手段がある。タクシーで市内まで約45分。目的地へも同程度で行ける。景観スポットであるホアンキエム湖北部から徒歩3分程。

アドレス

36 Pho Co, Hanoi, ベトナム（ホアンキエム湖の北西部）

噴水心理指数

思考指数：■■■3
感情指数：■1

Part I　世界で出会った「感じる噴水」　**53**

 Dolphin Fountain　オーストラリア／メルボルン

公園の中に、イルカ??

緑豊かな大きな公園の中で突如現れた海のような空間。イルカやタコなど海にいるたくさんの生物がまるで岩場で休息しているかのような造形物は、とても奇妙で不思議な夢の中にいるようです。積み重なる岩の穴から、波しぶきが吹き上がっているように見える水の形状には海への近さが感じられ、耳をすませば波の音が聴こえてきます。

メルボルンにある緑豊かな公園

インド洋と太平洋に囲まれたオーストラリアには数多くの世界遺産がありますが、その約3分の2が自然遺産であるため、南半球特有の自然を満喫できます。郊外に少し足を延ばすだけで雄大な自然や可愛らしい野生動物に出会うことのできる街も少なくありません。ガーデンシティと呼ばれるメルボルンもその一つでしょう。緑豊かな大きな公園がいくつも点在する街中の「フィッツロイ・ガーデン」には、海を感じさせる噴水があります。

タコやイルカの舞い踊り！

おすすめな人

周囲に気を使いすぎる
あなたへ

あなたは常にアンテナを張って表情や言葉、行動の端々から人の気持ちを察している人かも。でも、考え過ぎてはいませんか？ たくさんの情報を得ることはイコール、不安や気がかりを同時に抱えてしまうことであることも少なくありません。あなた自身の気持ちが疲れてしまうこともあるでしょう。しかしそれが、相手の気持ちを大事にするあなたなのでしょうね。考え過ぎないようにするのではなく、自分を優先させようとするのでもなく、一時的にしっかりと適切な休養をとったらいい。ずっとあなたらしくあるために。

> メッセージ

八方美人と揶揄されても
悩まなくていいよ。
あなたは
上手な生き方を知っている
利口な人で利己的ではない人。

> アクセス

メルボルン空港から目的地までは、タクシーやバスなどの移動手段がある。タクシ　で約30分。バスの場合は乗り継ぎを含めて、最寄バス停のSmith Stまで約50分、そこから徒歩約3分。

> アドレス

Wellington Parade, East Melbourne VIC 3002, オーストラリア

噴水心理指数

思考指数：■■■■4
感情指数：■■■3

「アザラシとサーフィンをする少年」の童話がモチーフ

ハワイの童話「Makua Live on the Beach」をモチーフにしているといわれるハワイアンモンクシール（アザラシ）の「キラ」とサーフィンをする少年「アクア」の銅像。見つめ合う姿に深い親密さが感じられて思わず微笑んでしまいます。「どんな関係だとこんなにも優しく相手を見られるんだろう」。噴き出される水の緩やかな曲線は優しい波を感じさせ、二人を抱き抱えているかのようです。

ハワイに来たら、まず噴水♪

ハワイ・オアフ島のホノルルの中心エリアにあるワイキキは多くのホテルやショップが立ち並んでいますが、ワイキキといえばやはりワイキキビーチでしょう。サンライズからサンセットまでサーフィンや海水浴など多くの人で賑わうスポットで、ダイヤモンドヘッドを眺めることのできるこの場所は、ハワイを象徴する景色の一つです。噴水はクヒオビーチ（ダイヤモンドヘッド側）のワイキキウォール近くにあり、いつ来てもハワイに来たことを実感させてくれます。

ワイキキ クヒオビーチ パブリックアート「マクア アンド キラ」

アメリカ／ハワイ

Smile for me！

おすすめな人

人間関係が苦手なあなたへ

あなたは相手を知ることの重要
性を知っている人かも。

でも、相手の何を知ろうとして
いますか？ 趣味、性格、経歴な
どなど……いずれも知っておく
ことにこしたことはありません。
しかし、何よりも知っておかな
ければならないこと、それは相
手の知ってもらいたいと思って
いることを知ることです。そこ
に包み隠さないその人がありま
す。「何でわかってくれないのだ
ろう」と思わせていては、良い
人間関係は生まれません。自分
の知りたいことだけに懸命にな
らず、もっと相手の想いに興味
関心を向けていきましょう。

メッセージ

わかってもらえないのが当たり前。
人は誰しも
人から理解してもらえないものの
一つや二つはもっている。
それが唯一無二の自分というもの。
まずは自分で自分をわかってあげて。

アクセス

ホノルル国際空港からワイキキまでは、タクシー、レンタカー、ウーバーや
リフトの利用で約20分。市バスで約50分。シャトルバスならワイキキのホテ
ルまで約40分。ワイキキの多くの場所から目的地までは徒歩でアクセスが可
能。中心部のインターナショナルマーケットプレイスからなら約10分。カラ
カウア通りからすぐのワイキキビーチのダイヤモンドヘッド側にある。

噴水心理指数

思考指数：■■■■■5
感情指数：■■ 2

アドレス

Kuhio Beach Park.Kalakaua Ave,Honolulu,HI, アメリカ合衆国

Fountain of the Birth of Water

スペイン / マドリード

みずかめ座のモデル 「水の女神グラ」

メソポタミアの水の女神グラは病気などを治す治療の女神ともいわれています。魔法の水瓶を持ちあげて水を注ぐ姿は、まさにみずがめ座のイメージの原型となっていることがうかがえる美しい彫像で、優しさと聡明さが感じられます。注いでも注いでも勢いよく噴き出される水からは、無償の愛を注ぐことの大切さを教えられているような気がします。

Spot

マドリードにある「スペイン広場」

ヨーロッパの観光大国スペイン。グラナダにはライオンの噴水でも有名なアルハンブラ宮殿があります。ミハスは、白い建物と青く輝く地中海とのコントラストの美しい街です。首都であるマドリードにも魅力的な観光スポットは数多くあります。プラド美術館にマドリード王宮、マヨール広場など。噴水は、マドリードを象徴するマドリード・タワーとスペイン・ビルの2つの建物に挟まれたスペイン広場にあります。

好きなものは何ですか？

生きることに疲れてしまったあなたへ

あなたは頑張る人かも。

何事にも一生懸命で、決して手をぬくことなく、集中してとりくみます。しかし、頑張る方向性を見失ってはいませんか？「周りから自分がどう見られているのか」ということだけを気にして頑張っていては、人一倍疲れます。常に不安を抱えた状態では、精神的な落ちこみもあるでしょう。それは、あなたの意図に反して周囲との協調を阻害します。誰かのために頑張れることは素晴らしいこと。頑張らなくてもいい方法があっても、頑張ってしまうのがあなた。でも、違和感は感じないといけないよ。自分の人生なのだから。

> メッセージ
>
> 金も、健康も、仕事も、明るい未来も私には何もないと嘆かない。「あなたがある」それは何にもかえられない素晴らしいもの。

> アクセス
>
> マドリッド・バラハス空港からの移動手段には、バス、地下鉄、電車、タクシーなどがある。目的地まではタクシーで約30分。電車や地下鉄を利用してプラサ・デ・エスパーニャ駅まで約45分、駅を出てすぐ。

> アドレス
>
> Plaza de España, 28008 Madrid, スペイン

噴水心理指数

思考指数： ■■■■■ 5
感情指数： ■■■■■■
　　　　　　 6

🌷 ベルサイユ宮殿のラトナの噴水   フランス / ベルサイユ 🇫🇷

怪物から子どもたちを守る母、「ラトナ」

ギリシャ神話由来のラトナが子どもたちを守る姿が再現されている、きらびやかでありながらも温かみのある造形物がベルサイユ宮殿の正面にあります。一番に目を引くのが、中央にあるラトナと子供達の大理石の彫刻でしょう。母親の深い愛情を感じずにはいられません。彫刻を覆い隠すように激しく噴き出される水に、物語性が一瞬垣間見られます。

Spot

フランスのもっとも輝かしい時代

絢爛豪華な宮廷文化が凝縮されたベルサイユ宮殿はフランスの最も輝かしい時代を象徴する世界遺産の一つです。バロック建築の最高傑作とまでいわれる宮殿と内部広間の豪華な彫刻や室内装飾の数々、マリーアントワネットの離宮にグラン・トリアノンなど華やかな宮廷生活の名残を一目見ようと、世界各地から観光客が訪れています。なかでも、宮殿前に広がる噴水を配した美しい庭園には多くの人が感嘆してしまうことでしょう。

何でも人と比べてしまう あなたへ

あなたは負けず嫌いな人かも。優れている人や、頑張っている人に追いつけ追いこせとばかりに闘志をたぎらせます。しかし、頑張り方は正しいですか？ 人と比較し過ぎると劣等感にさいなまれます。自己卑下が続けば、自分を愛することも出来なくなるでしょう。比較することは誰にでもあります。やめることが難しいのも事実。大切なのは「自分にとって何が大事か」を忘れないことです。それは人と比べるものではありません。自分の心が感じるもの。どうせ比べるなら、これまでの自分と比べましょう。あなたの「価値」を発見できるはずです。

すでにあなたは愛されている！

メッセージ

人から批判されても気にしないこと。
それもあなただし、
だから、あなたでもある。
「私はこれでいい」と思おうよ。

アクセス

パリ市内からの移動手段は、電車、バス、タクシーなどがある。目的地までタクシーで約30分。電車であればモンパルナス駅からベルサイユ・シャンティエ駅まで約12分、そこから徒歩約20分。ポン ドゥ セーヴル駅からバスで約30分、そこから徒歩約7分。

アドレス

Place d'Armes, 78000 Versailles, フランス

噴水心理指数

思考指数： ■■■■■
　　　　　■ 7

感情指数： ■■■■■
　　　　　■ 7

海の支配者「トリトン」の力強さ

円形の水盤の中に上半身が人間で下半身が魚のトリトン像があります。ローマのバルベリーニ広場の像など、ほら貝を吹き鳴らす姿で表されることが多いトリトンですが、ペテルゴフ宮殿にある筋骨隆々のトリトンは海獣の口を力強く引き裂いています。引き裂かれた口から噴き出される大量の水と迫力満点の様子に海の支配者たる所以が感じられます。

Spot

ロシアを代表する観光地、ペテルゴフ宮殿

広大な自然と美しい建造物が魅力的なロシアは、バルト海沿岸から太平洋まで東西に広がる世界最大の国です。首都モスクワには赤の広場やクレムリン、ボリショイ劇場などの見どころがありますが、第二の都市であるサンクトペテルブルクにも世界三大美術館の一つであるエルミタージュ美術館など多くの見どころがあります。なかでも、ロシアを代表する観光地がペテルゴフ宮殿でしょう。庭園の中央からダイナミックに水が噴き上がる噴水ショーをはじめとする噴水芸術は、必見です。

「ペテルゴフ」夏の宮殿 トリトンの噴水

ロシア / サンクトペテルブルク

勇気がもてないあなたへ

あなたは欲のない人かも。
だから、理想とのギャップに苦しむことはありません。しかし、現状に甘んじてはいませんか？ それでは、本当に欲しいものがあっても手に入れることはできないでしょう。いつしか生きる意欲もそがれてしまいます。ありたい自分やなるべき自分を放棄して、今の自分を良しとする。そんなものは勇気ではありません。大切なのは、自分に都合の良い見方をすることなく、厳しい現実に向き合うこと。そこに芽生えるのが勇気です。

やると言ったらやる！

メッセージ

今も不安、変えるのも不安。
でも変えなければずっと不安。
立ち止まっていることが
いつも最善とはいえないよ。

アクセス

プルコヴォ空港からの移動手段にはバスとタクシーがある。おすすめはタクシー。目的地までタクシーで約40分。バスの利用ならば、地下鉄とバスを乗り継いで約２時間15分。サンクトペテルブルク市内中心部へは、バスと地下鉄を乗り継ぎ約１時間。タクシーでは約30分。市内から目的地へは、地下鉄とバスを乗り継ぎ約１時間45分。タクシーでは約50分。

アドレス

Razvodnaya Ulitsa, 2, Sankt-Peterburg, ロシア

噴水心理指数

思考指数：■■■■■■
6

感情指数：■■■■■■
6

広大な海原と、海の神ネプチューン

頭頂に海の神ネプチューンの像を置く大きな造形物は広大な海の風景をイメージさせます。噴き出される水はときに優しく、またときに荒々しく、次から次へと浜辺に押し寄せる波のような形状です。薄黄色の柔らかい全体的な色合いが相重なると、それはまるで厳寒の海にあらわれる波の花のような神秘的な雰囲気を醸し出しています。

サンティアゴの街の真ん中にある、静寂な世界

チリと聞くと思い出される落盤事故。33人の作業員が「地上」に救出されるたびに耳にした「チチチ、レレレ、ビバチレ」という声は応援するときに使われる掛け声とのことですが、その想いはきっと「地下」に閉じ込められていた人にも届いたことでしょう。全員が助かって本当に良かった。閉塞感漂う昨今、希望と明るい気持ちをもたらしました。噴水のあるサンタ・ルシアの丘はサンティアゴの賑わう街の真ん中にあり、外部の喧騒とは無縁の静寂な世界を感じさせています。

サンタ・ルシア・ヒル (Cerro Santa Lucia)の ネプチューンの噴水

チリ / サンティアゴ

過去と未来の融合！

人から認められたい
あなたへ

あなたは自信に満ち溢れる人か
も。とても魅力的。でも、「認め
てほしい！」という思いが強す
ぎて、周りの人を疲れさせては
いませんか？ きっと自分自身も
疲れていることでしょう。必要
なのは、「わかってほしい！」
「見てほしい！」と叫ぶのはやめ
て、ただ黙って相手の人を正し
く知ろうとすることです。その
うえで自分を知ってもらったら
いい。相手の人を知ったうえで
なら、自分を知ってもらうこと
はそれほど力を入れなくても大
丈夫。自分を認めてもらおうと
する前に、まずは自分が相手を
認めましょう。

メッセージ

魅力的な人になりたいのなら、
実年齢より10歳くらい上の人の思考と
実年齢より10歳くらい下の人の服飾の
両方を追い求めたらいい。

アクセス

サンティアゴ空港から目的地までの基本的な交通手段はタクシーかバスにな
るが、バス移動の難易度は少々高めなので、タクシーがおすすめ。タクシー
で約20分。混雑がなければ3000円程。市内主要ホテルからなら10分程度。市
内の噴水をいくつか見てまわるのなら車をチャーターするのもいい。

噴水心理指数

思考指数：■■■■■■
　　　　　　6
感情指数：■■■■4

アドレス

Santa Lucia and Av.O'Higgins,Santiago, チリ

チボリのエステ家別荘「百の噴水」 イタリア／ローマ

噴水Story

緑の壁に並ぶ、無数の噴水

広大な敷地の庭園内、「ロメッタの泉」と遥か先にある「楕円の泉」を結ぶ100m程の小道に噴水がずらりと並ぶ様は壮観です。緑に覆われた3段ある岩壁の各段から噴き出される無数の水は、決して100という数ではおさまりません。道沿いを歩けば、飛び散る水のしぶきと自然に包まれて爽快な気分になります。

Spot

イタリアで一番美しい庭園がある「エステ家の別荘」

イタリアには有名な街がたくさんあって、どこに行ったらいいのかわからないという人も少なくないでしょう。ローマを訪れたなら、たくさんの見どころがあってどこに行ったら良いか悩むことも多いでしょう。迷ったときにおさえてもらいたい観光スポットが、ローマ近郊にある緑と水の豊かな保養都市チボリです。イタリア一美しいと称えられる庭園のある世界遺産エステ家の別荘には、大小500ものさまざまな噴水があります。

喪失感でいっぱいのあなたへ

あなたは愛情いっぱいの人かも。

人や物事に自分の人生の全てをかけるぐらいの意を注ぎます。しかし突然、当たり前にあった大切なものが失われたとき「心にぽっかりと穴があいたような」虚脱感に襲われませんか？ 受け止めきれないほどの喪失感が日常生活に支障をきたします。対象をなくしたことを頭ではわかっていても、その悲しみは計り知れないでしょう。完全に悲しみはなくなりません。それがあなただからです。大切なのは「乗り越える」ことではなく、「受け入れる」というものでもなく、「それと共にある」という覚悟です。

煩悩を手放す！

メッセージ

大切な人を亡くした悲しみに
胸が潰れる思いが続くなら、
まずは亡くなった事実を受け入れなさい。
そしてその人が生きていると思って暮らしなさい。

アクセス

フィウミチーノ空港から目的地まではタクシーで約１時間。電車と徒歩であれば約１時間40分。ローマ市の玄関口であるテルミニ駅までは電車で約32分。シャトルバスであれば約60分。タクシーであれば約50分。ローマ市内から目的地まではタクシーで約45分。電車と徒歩であれば約50分。

アドレス

Piazza Trento, 5, 00019 Tivoli RM, イタリア

噴水心理指数

思考指数：■■■■■■
■■■9
感情指数：■■■■■5

お尻から、ぴゅーっと来ます！

高級感と重厚感のある石造りのダイニングセットはマニエリスム建築の城館のある空間に馴染んでいて、腰を下ろせばゆっくり落ち着くことができます。一方で、上座の1脚以外の9脚の椅子の座面や周囲からは水が噴き出されることがあるため、素早く逃げなくてはならないこともあります。静と動の2つの顔をもつダイニングセット。まさに贅沢の極みです。

Spot

音楽の都「ザルツブルク」、仕掛け噴水もたくさん

中央ヨーロッパに位置するオーストリアは音楽に大自然、美しい建築物などが楽しめる魅力的な国です。首都であるウィーンをはじめ、ザルツカンマーグートなど見どころの多い観光地はたくさんありますが、なかでも、モーツァルトが生まれ、音楽の都として知られるザルツブルクは中世の街並みとザルツァッハ川との調和が美しい街です。中心部から少し足を延ばしたヘルブルン宮殿には、訪れた人を楽しませる仕掛け噴水がたくさんあります。

ヘルブルン宮殿 椅子の仕掛噴水

オーストリア / ザルツブルク

周りを気にし過ぎて
疲れているあなたへ

あなたは協調性を大事にする人
かも。
自分の価値観に縛られることな
くその場、その場に合わせた対
応をします。しかし、無理をし
て周囲に合わせることはありま
せんか？ 自分のしたくない選択
は自分を苦しめて追いつめます。
やがて、体調も崩してしまうで
しょう。確かに、したくないこ
とを頑張ることが成長につなが
ることもあります。でもそれは、
あなたの健康を犠牲にしてまで
やらなければならないことです
か？ お願いです。決して自分が
全責任を負おうとしないでくだ
さい。協調性は自分を殺すこと
ではないのですよ。

一寸先は闇！

メッセージ

怖くてたまらないんだね。
怖くないのは守るものがないから。
「あなたには守るものがある」
だから怖いんだよ。

アクセス

ウィーン国際空港からザルツブルク中央駅まで電車で約２時間40分、ザルツ
ブルク中央駅からタクシーで約20分、最寄りのSchloss Hellbrunnまでバ
スで約25分、そこから徒歩約５分。ザルツブルク空港からザルツブルク中央
駅へはタクシー、バスなどの交通手段がある。目的地までタクシーで約15分。
ザルツブルク中央駅までバスで約25分。タクシーであれば約20分。

アドレス

Fürstenweg 37, 5020 Salzburg, オーストリア

噴水心理指数

思考指数：■■■■ 4
感情指数：■■■■■■■
　　　　　 0〜6

見たこともない巨大な宝石

360°熱帯雨林を表した景色の中心にそびえる造形物の姿に思わず圧倒されてしまいます。地上約40mの高さの屋根のくぼみから、円柱状の滝のように流れ落ちる水の迫力には言葉も失います。全体を見渡せる真横からの眺めをはじめ、見下ろしたり、見上げたり、地下では水の流れを間近に感じることもできて、まるで水の中にいるような錯覚を覚えます。

2019年、シンガポールに生まれた「ジュエル」

シンガポールは60以上の小規模な島々からなる東南アジアに位置する国です。東京23区が大きさのたとえとして使われるように国土の小ささが有名ですが、そこには数多くの観光スポットがあり、2019年には新たな観光スポット「ジュエル」も生まれました。ベスト空港のタイトルをもつチャンギ国際空港に隣接する巨大なガラスドーム型の建物で、ショッピングモールやレストラン、アトラクションのある複合施設です。なかでも、多くの旅行者や観光客を楽しませるジュエルの「顔」のような存在が、巨大噴水でしょう。

チャンギ国際空港 ジュエル(Jewel)の 「雨の渦」

シンガポール

世界三大瀑布の
一つじゃないよね？

どんなときも
一生懸命なあなたへ

あなたはとても責任感の強い人
かも。
たとえ困難なことがあっても、
持ち前の前向きな思考で解決に
向けて頑張ります。でも、頑張
り過ぎてはいませんか？ 確かに
頑張ることは必要不可欠なこと
ですが、「無理をしている状態」
では多大な負担で疲れ果ててし
まいます。ときには燃え尽きて
しまうこともあるでしょう。大
切なのは、「無理をしない状態」。
必要なときに、必要に応じて、
必要な頑張りをすることです。
それでもあなたの素晴らしさは
何も変わらない。

メッセージ

夢がないと悩まないで。
一日一日を楽しく
過ごせているんだから。
もしかしたら、あなたに夢は
必要ないものなのかもしれないよ。

アクセス

「世界一位のエアポート」に選出されているシンガポール・チャンギ国際空
港は、東南アジアにおける有数のハブ空港でシンガポールの空のメイン玄関
口である。複合商業施設「ジュエル（Jewel）」はターミナル1に隣接してお
り、ターミナル2、ターミナル3からはリンクブリッジを利用して徒歩約5
分〜10分。ターミナル4からターミナル2へは、シャトルバスで移動する。

噴水心理指数

思考指数：■■■■■
　　　　　■■■9

感情指数：■■■■■
　　　　　■■■■9

アドレス

78 Airport Boulevard, Singapore 819666, シンガポール

 # El Corte Inglés Serrano 47 前の噴水 スペイン / マドリード

噴水Story

岩の男！ 噴き出される汗！

巨大な岩の塊の中に見える人の顔や手足が今にも動き出し、迫ってくるような力が感じられる奇怪千万な造形物です。それはまるで、ギリシャ神話に登場するシジフォスが神々に命ぜられて、大きな岩を山頂へ幾度となく運ぶ苦行を行なっている様子のようで、極限のつらさが伝わってきます。噴き出される水はもう汗にしか見えない。

Spot

食や芸術と一緒に、噴水を味わう

バルセロナやマドリード、グラナダにセビリア、サンセバスチャンなど魅力溢れる都市の多いスペインには、一度は訪れてみたい名所がたくさんあります。食や芸術、自然などを目当てに世界中から多くの観光客が訪れる国として有名ですが、なかには、噴水鑑賞を目的にこられる人もいるほど、スペイン各地で多くの噴水を楽しむことができます。El Corte Inglés Serrano 47前の噴水もその一つでしょう。

人のせいにしてしまう
あなたへ

あなたは自分を守る能力に長けている人かも。周りの空気を読み、誰にどのように対応したらいいかをすぐに判断できます。しかし、人のせいにすることで自分を守ってはいませんか？　思わず嘘をついたり、責任転嫁をして自分を正当化していては、当然嫌われてしまいます。やがて、かかわりにくい人と思われて孤立してしまうでしょう。しかし決してそのように「生まれた」のではなく、そのように「成長した」だけのこと。難しいことはありません。本当に自分を守りたいなら、人のせいにしないと覚悟を決めること。

なぜか落ち着く頑固さ！

メッセージ

人から愛されないと
悲しむ前にちょっと考えて。
愛されたいと人に見せているのは
ありのままではなく、
わがままではないですか？

アクセス

マドリッド・バラハス空港から目的地まではタクシーで約20分。バスであれば、最寄のSerrano Ortega Y Gaseetまで約1時間30分、下車してすぐ。電車であれば、乗り継いで最寄駅のAlonso Martinezまで約45分、そこから徒歩約10分。

アドレス

Calle del Marques de Villamagna,3,2800128001 Madrid, スペイン

噴水心理指数

思考指数：■■■■■■
　　　　　　6
感情指数：■■■■4

この像は何を背負い、何を守るのか……

大きな岩山の頭頂に必死に重荷を背負った様子のうかがえる男性像があります。ギリシャ神話に登場する天空を背負って支え耐え続けたアトラスのようで、いわゆる勇猛さだけではなく高潔さも感じられます。頭上や岩間から噴き出される水からは守り続けたいという想いが溢れています。

「ガーデンシティ」メルボルン、キャプテン・クックの生家も

広大な大陸であるオーストラリアは南半球特有の自然が満喫できる国です。シドニーに次ぐ2番目の大きさを誇るメルボルンはガーデンシティと呼ばれるほど、街の中には緑豊かな大きな公園がいくつもあります。その内の一つが「Fitzroy Gardens」です。総面積26haもの広さをもつ庭園の中にあるキャプテン・クックの生家が有名ですが、池や彫刻、そしてRiver God fountainなどの噴水も優美に配置されています。

フィッツロイ・ガーデンの River God fountain

オーストラリア／メルボルン

先読みし過ぎて
生き辛いあなたへ

あなたは調和を重んじる人かも。鋭い観察力で状況を推察して周囲への配慮を怠りません。しかし、あれこれと想像し過ぎて不安を感じることが多くありませんか？ それでは、心労が絶えることはありません。結果、先読みする自分を否定してしまうこともあるでしょう。周囲から鬱陶しがられることでもあれば尚更です。先読みできることは一種の処世術。悪いことではありません。先ずは、先読みできる自分を認めてください。そのうえで、どうせ想像し過ぎてしまうなら、前向きな先読みをすることです。

思う念力岩をも徹す！

メッセージ

昨日は上手くいかなかった。
今日は上手くいった。
でも、明日はわからない。
それが人生。

アクセス

メルボルン空港から目的地までは、タクシーやバスなどの移動手段がある。タクシーで約30分。バスであれば乗り継ぎを含めて、最寄バス停のSmith Stまで約50分、そこから徒歩約5分。

噴水心理指数

思考指数：■■■■■■
　　　　　6
感情指数：■■■3

アドレス

Wellington Parade, East Melbourne VIC 3002, オーストラリア

イルカと少女のダンス!

タワーブリッジから程近いテムズ川沿いの小路にある、躍動感溢れるイルカと少女の素敵な彫像です。まるでダンスをしているような美しい様子は、とても優美でロマンチックな空間をつくりあげています。優しく噴き出される一筋の水はイルカと少女の心と心をつなぐ糸のようで、何かを語りあっているように見えます。

イギリス、イングランド南部にあるロンドン

ヨーロッパ北西部の国イギリスは、ケルト文化が今も根強く残る「ウェールズ」、世界遺産に登録される美しい街エジンバラのある「スコットランド」、海岸線を覆い尽くす奇岩ジャイアンツ・コーズウェイが有名な「北アイルランド」、イギリス原風景と出会えるコッツウォルズや湖水地方などの「イングランド北部」、そして、世界七不思議の一つといわれるストーンヘンジのある「イングランド南部」で大きく構成されています。噴水のあるロンドンはイングランド南部に位置します。

Girl with a Dolphin Fountain

イギリス / ロンドン

まるで人魚になった気分！

生き急ぐあなたへ

あなたは向上心溢れる人かも。チャレンジ精神旺盛です。休む暇なく「未来」に向けて突き進みます。しかし「時間を無駄にできない」と焦っていませんか？「早くしないと」と思えば気持ちの余裕はなくなります。心を休ませられないと、周りが見えなくなって、起きないはずのトラブルも引きおこしてしまうでしょう。とてもパワフルなあなたに「少し立ち止まって」とは言えません。でも、「今」の自分をきちんと見つめてください。「未来」のあなたは「今」のあなたの延長線上にいるからです。あなたは「今」を楽しめていますか？

メッセージ

自分は無能だと
悩まないで。
無能とは、能力が無いことではなく、
無能力という能力があるということ。
それは有能という能力と同じ能力。
必要なのは、
無能を巧みに使いこなすことだよ。

アクセス

セントパンクラス駅から目的地までタクシーで約20分。電車であればファーリンドン駅で乗換えてタワーヒル駅まで約15分、そこから徒歩約8分。バスなら目的地最寄バス停のタワーオブロンドンまで約30分、そこから徒歩約9分。ちなみに、ヒースロー　空港から目的地へはタクシーで約60分。セントパンクラス駅へはタクシーで約45分。電車であれば約60分。

アドレス

North East side of Tower Bridge, ロンドン イングランド

噴水心理指数

思考指数：■■■■ 4
感情指数：■■ 2

噴水Story

キノコの中には、
おとぎ話の世界が……

キノコのようでもあり、雨傘のようにも見える空想的な造形物が不思議な世界を生み出しています。カサの中にある椅子に座れば、まるでおとぎの国に迷い込んだかのような気分になります。時折、カサの縁から噴き出される水によって抜け出すことができなくなりますが、外界からの刺激が全て遮断されて、より一層メルヘンチックな雰囲気に包まれます。

Spot

ピョートル大帝の避暑地、
その一角

世界一広い国土をもつ大国ロシアの文化の中心地として栄える街サンクトペテルブルクには、ロシアの壮大な歴史と文化が色濃く残っています。世界遺産に登録されているペテルゴフ宮殿はその象徴といえるでしょう。宮殿はピョートル大帝がベルサイユ宮殿を意識して建てた夏の避暑用の離宮で、宮殿の内装はもちろん豪華絢爛なのですが、何よりも美しいのが手入れのゆきとどいた庭園にある噴水たちです。

「ペテルゴフ」
夏の宮殿の庭園噴水
フォンタン・ゾンチク

ロシア / サンクトペテルブルク

全てを自分で抱えてしまう あなたへ

あなたは責任感の強い人かも。だから、悩み事があっても自分一人で何とかしようとします。しかし、「人に迷惑をかけてはいけない」と他人に協力を頼めないことはありませんか？ それでは多くの不安も一人で抱えこんでしまうでしょう。結果、自分を苦しめてしまうことにもなりかねません。何もかも一人で背負い込むあなたに必要なのは、他人を頼ること。それは、あなたを助ける人に他人を助けることの喜びを与えていることでもあるのですよ。あなたが人を気遣うことを、喜びと感じるように。

好き嫌いしない！

メッセージ

一人ぼっちだと
悩んでいるの？
一人ぼっちではないとは
言いません。
きっと、一人で
何でもできる人なんだよ。

アクセス

プルコヴォ空港からの移動手段には、バスとタクシーがある。おすすめはタクシー。目的地までタクシーで約40分。バスの利用ならば、地下鉄とバスを乗り継いで約2時間15分。サンクトペテルブルク市内中心部へは、バスと地下鉄を乗り継ぎ約1時間。タクシ　であれば約30分。市内から目的地へは、地下鉄とバスを乗り継ぎ約1時間45分。タクシーであれば約50分。

アドレス

Razvodnaya Ulitsa, 2, Sankt-Peterburg, ロシア

噴水心理指数

思考指数：■■■■■■
　　　　　　6
感情指数：■■■■4

水たばこと噴水で、
ひたすら水に癒される

イスラム圏でたしなまれるシーシャは、ガラス容器にパイプが付いた道具で吸う水タバコです。リラックス効果があるといわれているだけに、シーシャカフェの前にあるシーシャで飾られた噴水は「癒されるよ」と言いたげです。噴き出される水の音に水タバコのぶくぶくという音が入り混じって聞こえると、この空間にいるだけで自然と気持ちが和らぎます。

Spot

クアラルンプールの銀座
「ブキッ・ビンタン」

マレー半島にある西マレーシアとボルネオ島北部の東マレーシアに分かれている国マレーシアは、マレーや中国、インドやヨーロッパなどのさまざまな文化が入り混じっています。首都クアラルンプールは、混在した文化の魅力を食や習慣などに強く感じることのできる都市です。ペトロナスツインタワーとKLタワーがあることで有名な街の、クアラルンプールの銀座ともいわれるブキッ・ビンタンの通りに文化の一端を感じさせる噴水があります。

 ロット10ショッピングセンター前のBukit Bintang Streetで見かけた噴水

マレーシア / クアラルンプール

おすすめな人

消極的な生き方に
辛さを感じているあなたへ

あなたはとても慎重な人かも。一つひとつの物事を丁寧に考え抜くので失敗は多くありません。しかし、万が一を常に心配していませんか？ それでは、何をするにも不安や緊張が伴って、ストレスを感じやすくなります。小さな失敗でも積み重なれば、何も行動できなくなるでしょう。やがて、自分に自信をなくして、本心や本音を言うこともできなくなります。無理して積極的になる必要はありません。ただもう少し、あなたを幸せにできる「自信」を持ちましょう。大切なのは「慎重な自分」を信じることです。もう少し気楽に考えたらいい。

ひと休み、
ひと休み！

メッセージ

誰からも優しさが
「感じてこない」と不満そうだけど、
あなたが優しさを
「感じよう」としているかな？
優しさって意外とすぐそばにあるものだよ。

アクセス

クアラルンプール国際空港から目的地までは、タクシー、バス、電車などがある。目的地までタクシーで約50分。電車とモノレールを乗り継いで最寄駅のブキッ・ビンタン駅へは約55分、そこから徒歩約3分。

アドレス

50, Jalan Bukit Bintang, Bukit Bintang, 55100 Kuala Lumpur, Wilayah Persekutuan Kuala Lumpur, マレーシア（ロット10ショッピングセンター）

噴水心理指数

思考指数： ■■■ 3
感情指数： ■ 1

🌱 マジョレル庭園エントランスの噴水 モロッコ / マラケシュ

噴水Story

水の絵具で描かれた「絵画」

青と緑のタイルが敷きつめられた四角皿のような薄い水盤と、中央には高さのない塔がある平面的な造形物です。高級な絨毯のような美しいデザインが水で揺らぐと、一つひとつのタイルがふわりと浮かびあがってきます。静かに噴き出される水は自然の絵具のようで、鏡のような水面を彩る質感と平面性が絵画のような雰囲気も醸し出しています。

Spot

モロッコの「３つの青」

アフリカはもちろん、ヨーロッパや中近東の文化が混在するモロッコは、シャウエン旧市街やフェズの旧市街、マラケシュの旧市街など観光スポットが数多く点在する美しい国です。そんなモロッコには、３つの青色があるといわれます。青い街並みのシャウエン・ブルー、青い陶器のフェズ・ブルー。そして、マジョレル庭園のマジョレル・ブルーです。目の覚めるような青が随所に散りばめられた美しい庭園に、噴水はあります。

自分がないと苦しむあなたへ

あなたは欲のない人かも。

だから、難題に直面しても、どの道を選んで何をすればいいのかを半ば習慣的、無意識に決めています。しかし「あなたの目標は何ですか?」と聞かれて、すぐに答えられますか? 答えに詰まるのは、自分に興味関心がないからです。それさえも習慣的になっていては、将来への展望はもてません。それは人生を諦めているようなもの。そこに自分はないのです。先ずは、自分が何を信じているのか積極的に意識していきましょう。自分がある人は信じているものがある人だから。それを誇りに思って生きていったらいい。

噴水絨毯!

メッセージ

人前で積極的になれないというけど、
それは
勇気がないということではない。
相手を優先しているということ。

アクセス

マラケシュ・メナラ空港から、タクシーで約20分。バスであれば最寄バス停のBen Tbibまで約40分、そこから徒歩約8分。ムハンマド5世国際空港からであればタクシーで約45分、電車で約30分のカサ・ヴォヤジャー駅へ行き、Marrakech Railway駅まで電車で約4時間、そこから徒歩約35分。

アドレス

Rue Yves St Laurent, Marrakech 40090, モロッコ

噴水心理指数

思考指数:■■■■ 4
感情指数:■ 1

巨大な噴水を
下から見ると……

上から見ればそれがグラスの縁とは思うことができないくらい巨大な造形物を、下から見ればあっと驚かされます。細部までこだわった美しい装飾の施されたグラスは一生ものと思える気品と高級感を兼ね備えているデザインで、いったいどれだけ希少価値のある飲み物が注がれているのかと、噴き出される水に思わず口をつけたくなります。

Spot

エステ家の別荘には、
約500もの噴水がある

世界遺産保有数の最も多い国イタリアは、世界有数の観光国として知られています。ベネチアやローマ、フィレンツェにミラノ、ナポリといった人気都市には数多くの観光スポットがあります。世界各地から多くの観光客が訪れるローマの近郊にあるチボリの「エステ家別荘」も世界遺産登録されているものの一つです。広大な敷地の美しい庭園内には、オルガンの噴水や百の噴水、ヴィーナスの噴水やロメッタの噴水といった約500もの噴水が築かれています。

チボリのエステ家別荘
「大グラスの噴水」

イタリア／ローマ

人生に乾杯！

将来が不安で
何も手につかないあなたへ

あなたは人生を真剣に考える人かも。心に抱く気がかりは、今後起こり得る問題に備える力になっています。しかし、思考が止まってしまうほどの強い不安を抱えていませんか？ それでは「どのように生きていけばいいのか」先を見通せません。「どうしよう」と今を楽しめない毎日は、不安に拍車をかけてしまうでしょう。人生に不安はつきもの。無くそうとすることは間違いです。大切なのは、無くそうとするのではなく、軽くすること。「今考えずに、そのときがきたら考える」と思うことが、心に安心をもたらすための最初の一歩になるでしょう。

メッセージ

迷いを断ち切りたいなら、
良いか悪いかという判断基準ではなく、
やりたいかやりたくないかという気持ちに
素直になればいい。

アクセス

フィウミチーノ空港からの交通手段は、電車、シャトルバス、タクシーなどがある。目的地まではタクシーで約1時間。電車と徒歩であれば約1時間40分。ローマ市の玄関口であるテルミニ駅までは電車で約32分。シャトルバスであれば約60分。タクシーであれば約50分。ローマ市内から目的地まではタクシーで約45分。電車と徒歩であれば約50分。

噴水心理指数

思考指数：■■■■■■
6

感情指数：■■■ 3

アドレス

Piazza Trento, 5, 00019 Tivoli RM, イタリア

圧倒的な迫力！

斜面を5段で構成している階段状の造形物は、数多くの噴水のお手本になったといわれています。最下部から全体の姿を見渡す眺めは壮観で、最上部から見下ろす眺めは絶景です。まさにここは、一つの大きな景色を一望できる爽快な場所。噴き出される大小様々な水は躍動感に溢れ、水の塊がぶつかり合う音の迫力は心をつかんで離しません。

Spot

世界遺産にもなっている、エステ家別荘の庭園

ベルパエーゼ（美しい国）イタリアはローマの古代遺跡やベニスの運河、絶景のビーチリゾートや地中海の長い海岸線など、美しい景色に溢れています。イタリアでいちばん美しいと称えられている庭園が、ローマ近郊にあるチボリのエステ家別荘です。4.5ヘクタールもの広大な敷地内の庭園と母なる神の噴水、ドラゴンの噴水、メタの噴水など趣向を凝らした約500もの噴水のある別荘は、その美しさが世界遺産に登録されています。

チボリのエステ家別荘「ネプチューンの噴水」

イタリア / ローマ

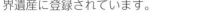

大いなる明日へ!

夢追い人なあなたへ

あなたは想像力のある人かも。だから、人よりも少しだけ人生が豊かで幸せかもしれません。しかし、尋常じゃないくらい夢みがちではありませんか? それは、現実をおろそかにさせます。思い通りに物事が進まないと自分が許せなくなって、全てを投げ出してしまうでしょう。夢をもつのは素晴らしいことです。「楽しめる今」があるのは、夢があるから。でも、未来を束縛してしまう生き方は自由を奪います。大切なのは「今をどうしていくか」と常に考えること。それは、夢を見ることで忘れてしまいがちな「自分に夢中」であることです。

メッセージ

「あの人のようになりたい」と思っても
「あの人になる」ことはできない。
他の誰かになれないのなら、特別な思い入れを
自分にもって「あの人のできないことをする」
それが「あの人のようになりたい」と思われる人。

アクセス

フィウミチーノ空港からの交通手段は、電車、シャトルバス、タクシーなどがある。目的地まではタクシーで約１時間。電車と徒歩であれば約１時間40分。ローマ市の玄関口であるテルミニ駅までは電車で約32分。シャトルバスであれば約60分。タクシーであれば約50分。ローマ市内から目的地まではタクシーで約45分。電車と徒歩であれば約50分。

アドレス

Piazza Trento, 5, 00019 Tivoli RM, イタリア

噴水心理指数

思考指数 : ■■■■■■
　　　　　■□8

感情指数 : ■■■■■■
　　　　　■■8

水柱に囲まれる静謐な空間

直径32mの円沿いに32本の柱が
たち並ぶ円形の列柱廊です。円
中央には「プルトンに連れ去ら
れるプロセルピナ」の群像が配
置されています。柱と柱の間に
ある全てのアーチの中には水盤
があって、一筋の水がいっせい
に噴き出されると、外界から遮
断された感覚を味わうことがで
きます。それはまるで時間がと
まったかのような稀有な空間で
す。

Spot

フランス随一の豪華さを誇る「ベルサイユ宮殿」

西ヨーロッパに位置するフラン
スはヨーロッパの中でも観光名
所が数多くある国として知られ
る、世界の観光者数ランキング
1位のタイトルをもつ観光大国
です。定番のノートルダム大聖
堂やエッフェル塔、サント・シ
ャペル教会やエトワール凱旋門、
モンサンミッシェルなど、華の
都パリはもちろんのこと、都市
郊外や地方にも見逃せない観光
スポットがたくさんあります。
フランス随一の豪華さを誇るベ
ルサイユ宮殿の優雅な庭園にあ
る噴水たちは必見です。

🌱 ベルサイユ宮殿の列柱廊の噴水たち（Bosquet de la Colonnade)

フランス / ベルサイユ

優しさに包まれて！

気に病むことの多い
あなたへ

あなたは想像力豊かな人かも。
ひとつの物事に対して、良いこ
とから悪いことまで幅広く思い
をめぐらすことができます。し
かし、考え過ぎてはいません
か？ 幸せな考え事なら問題に
なりづらくても、嫌な考え事だと
気に病むことが多くなるもので
す。ときには、自分を追いこん
でしまうこともあるでしょう。
「考えすぎる」癖は簡単に直りま
せん。大切なのは、どんなに考
えても自分の力ではどうしよう
もできないことを認めることで
す。自分で何とかしようとせず、
人に委ねることを覚えましょう。

メッセージ

ふと振り返ったときに思う。
「あー、最悪な人生だったなぁ」
人生の良し悪しは自分の「そう思う
心」が決めている。
人生の評価はあなた次第なんだよ。

アクセス

パリ市内からの移動手段は、電車、バス、タクシーなどがある。目的地まで
タクシーで約30分。電車であればモンパルナス駅からベルサイユ・シャンテ
ィエ駅まで約12分、そこから徒歩約20分。ポン ドゥ セーヴル駅からバスで
約30分、そこから徒歩約7分。パリ・シャルルドゴール空港から目的地へは
タクシーで約45分。パリ市内へはタクシーでも電車でも40分程。

アドレス

Place d'Armes, 78000 Versailles, フランス

噴水心理指数

思考指数：■■■■■
　　　　　■■8
感情指数：■■■3

シンプルだけどエレガント！見る人を別世界へ

緑豊かな広場の中に異国情緒漂う一角があります。周辺の歴史的建物の圧倒的な存在感に負けずとも劣らない素晴らしい雰囲気を醸し出しています。シンプルな円形の水盤の中にある、緑がかった装飾が目を引くエレガントな造形物がまさにそれです。全体に行き渡るように噴き出される水の美しさと相まって、見る人をしばし別世界へと誘います。

マレーシア人なら、誰でも知っている（?）噴水です！

マレー半島とボルネオ島の一部を国土にもつマレーシア。雄大な自然や珍しい動物に出会えるボルネオ島や世界遺産の街マラッカ、アジアを代表するビーチリゾートのペナン島など魅力的なスポットが数多くある国です。最大の都市クアラルンプールにもペトロナスツインタワーやKLタワーの2大タワーをはじめ、バトゥ洞窟やマスジットジャメなど見どころはたくさんあります。マレーシア人ならば知らぬ人はいないといわれる噴水のある、ムルデカ・スクエアもその一つでしょう。

ムルデカ・スクエア（独立広場）の噴水（Queen Victoria Fountain）

マレーシア / クアラルンプール

願いは叶う！

自分の生き方に
疑問をもっているあなたへ

あなたは思慮深い人かも。物事について、いつも何故？ と考えて本質を追求します。しかし「自分の人生とは何か」と考え過ぎていませんか？ それでは、悩みごとがあれば人生に迷いを感じて、立ちすくんでしまいます。何故この人生を生きているのか、わからなくなることもあるでしょう。生きるうえで人生に疑問をもつのは当然です。大切なのは「どのような自分を生きたいか」と考えて日々行動すること。愛したいなら愛し、楽しみたいなら楽しみ、大事にしたいなら大事にする。毎日を納得して生きることが、疑問の挟む余地のない人生にするのです。

メッセージ

でも、人を信じたばかりに
騙されたって？
人を信じなければ
何も生まれないよ。

アクセス

クアラルンプール国際空港から目的地までは、タクシー、バス、電車などの移動手段がある。目的地までタクシーで約50分。電車ならKLセントラル駅でモノレールに乗り換えて最寄駅のマスジッジャメッ駅まで約40分、そこから徒歩約7分。

アドレス

Dataran Merdeka, 57000 Kuala Lumpur Wilayah Persekutuan, マレーシア

噴水心理指数

思考指数：■■■■■5
感情指数：■■■3

踊る男女と、 喜びに溢れた子どもたち！

円形の水盤の中に男性と女性の2人の大人と4人の子どもたちの彫像があります。美しい木々に囲まれたベンチからゆったり眺めると、戯れる喜びに満たされている子どもたちを見ながら男性と女性が楽しく踊っているようです。何よりも、踊る男女の下から勢いよく噴き出される水が2人のはずむ心の鼓動と生きる喜びを謳いあげています。

Spot

ロンドン中心部にある、 巨大な王立公園

世界遺産や観光名所の数多くあるイギリスには、イングランド南部、北部、ウェールズ、スコットランド、北アイルランドの各エリアごとに一度は訪れたい観光スポットがあります。なかでも、イングランド南部にある大都市ロンドンはビック・ベンやタワーブリッジ、バッキンガム宮殿や大英博物館など見どころがいっぱいです。噴水はロンドン中心部の豊かな緑と湖の美しい巨大な王立公園（ハイドパーク）の中にあります。

ハイドパークの Joy of Life Fountain

イギリス / ロンドン

自信を持ちすぎるあなたへ

あなたは自分を信じる人かも。もしかしたらできないと思うことにも挑戦できます。しかし、過信していませんか？ 自分を信頼し過ぎているときに物事が上手くいかないと、自分に価値を見出せないでしょう。いわゆる、自信喪失です。ときに、周囲の信頼を失うこともあります。自分を信じることは大切ですが、経験したことも「ない」のに、できると思いこんではいけません。それが過信です。自信は「ある」ものしか使えないのです。大切なのは、これはできると行なう前に、先ずは自信を「保留」すること。自信が「生まれる」まで待つことです。

自由を楽しむ！

メッセージ

失敗したことを
いつまでも引きずっているのは
今を生きていないという無知と強引さ。
大切なのは、
今を一生懸命生きること。

アクセス

セントパンクラス駅からの移動手段は、電車、バス、タクシーなどがある。目的地までタクシーで約15分。電車であればナイツブリッジ駅まで約15分、そこから徒歩約12分。バスなら目的地最寄バス停のDorchester Hotelまで約20分、そこから徒歩約3分。ちなみに、ヒースロー空港から目的地へはタクシーで約35分。

アドレス

Hyde Park, London W1K 7AN, イギリス

噴水心理指数

思考指数：■■■■■■
　　　　　6

感情指数：■■■■■■
　　　　　6

時計台の前にある
憩いの場所

フランスの歌手ジョルジュ・ブラッサンスの胸像がある公園内の時計台前に、シンプルな円状の水盤があります。噴き出す水は大きなアサガオがぱっと咲いたような決して珍しくない形状ですが、緑豊かな自然と時計台、噴水を囲むベンチと腰掛ける人の雰囲気が相まって、ゆったりとした時間がながれています。否応にも噴水の存在意義と存在価値を感じるはずです。

魅力溢れるパリ、
噴水のある公園で一休み

港湾都市マルセイユで名物のブイヤベースに舌鼓、青い海と美しい海岸の街ニースの景色には目を奪われて、プチ・パリともいわれるボルドーでは有名なワインに酔いしれるなど、色々な楽しみを味わうことのできる国フランス。なかでも、世界的に有名な観光地のパリは、何をしたらいいかと悩んでしまうほど多くの楽しみに溢れています。ジュルジュ・ブラッサンス公園の噴水前のベンチに座って、少し心を落ち着かせてみませんか?

🌿 ジュルジュ・ブラッサンス公園の
噴水

フランス / パリ

頑固なあなたへ

あなたは集中力のある人かも。人に流されることなく、自分の考え方を基準としてひたむきに努力します。しかし「ねばならない」「べき」が口癖ではありませんか？ それでは「人の声には絶対に耳を貸さない」という態度になって出てきてしまいます。間違っていても決して認めません。酷い場合は責任転嫁するでしょう。凝り固まった考え方を変えるのは確かに難しいこと。でも、他者の考えを「違う」と決めつけずに「珍しいもの」として受け入れる余裕はもちましょう。大切なのは、頑固な自分になるのではなく、頑固さを自分の一部分にすることです。

ずっとそばにいるよ！

メッセージ

悩みをこじらせて
身動きがとれなくなったのなら、
思い込み
決めつけ
「こうでなければならない」というものから
自由になることだよ。

アクセス

パリ北駅から目的地までタクシーで約25分。バスであればMairie du 15eまで約45分、そこから徒歩約15分。電車を乗り継ぎPorte Brancion 駅まで約35分、そこから徒歩約6分。主要観光地からなら1時間程の散歩として行ける。ちなみに、パリ・シャルルドゴール空港からパリ市内（パリ北駅）へはタクシーでも電車でも40分程。バスなら約60分。

噴水心理指数

思考指数：■■■■4
感情指数：■■■3

アドレス

2 Place Jacques Marette, 75015 Paris, フランス

植物と共に「光」を吸収する

黒色の小さな造形物が窓から差
し込む太陽の光を反射するので
はなく、取り囲む植物と共に、
まるで光合成をしているかのよ
うに光を吸収しています。必要
以上に主張することなく噴き出
される水は、静か過ぎてその存
在を忘れてしまうくらい。建物
の中で違和感なく存在する噴水
の姿はとても美しく、造形物と
水、それに光と空間の見事なま
での一体感が明るく温かい雰囲
気を演出しています。

Spot

トロントにある静かな丘、大豪邸の窓から見える

北は北極圏に、南はアメリカと
接する国カナダにあるトロント
は、象徴的な存在であるCNタ
ワーをはじめとする高層ビルの
たち並ぶ活気溢れる大都市です。
力強いエネルギーの感じられる
街とは対象的な市内の静かな丘
に、カサ・ロマはあります。中
世ヨーロッパのお城のような外
観で知られている大豪邸は、街
を見渡す広大なお庭や100近くの
部屋の内装など見どころがいっ
ぱいです。噴水は、その豪華な
部屋などがある邸内1階の日差
しが差し込む大きな窓の前にあ
ります。

カサ・ロマ内の噴水

カナダ / トロント

箱入り娘！

責任感の強いあなたへ

あなたは真面目で誠実、何よりも強い意志をもつ人かも。
頼まれたことを放っておく「困った人」ではなく、人を「困らせない人」。だから自分の限界を超えた責任を背負うこともあります。責任を果たせているときは心が満たされますが、責任のとりきれないときは「どうにかしたい」と悩んで苦しくなることも多いでしょう。でも、気楽に考えられないのがあなた。周りの人に頼めないのがあなた。つまり、苦しくても責任感をもってしまうのがあなたなのでしょう。それなら、たくさんの人から愛されるあなただということも忘れないでくださいね。

⌐ メッセージ ┐

どんなに辛くても
我慢してしまうんだよね。
そんなとき、
人は我慢しなくていいと言うかもしれない。
でも、私は我慢できるあなたが好き。
そして、きっとあなたも
そんな自分が好きだと思う。

⌐ アクセス ┐

トロント・ピアソン国際空港から目的地までは、タクシー、バス、電車などの移動手段がある。タクシーで約25分。バスの場合は乗り継ぎを含めて、最寄バス停のBathurst St At Alcina Aveまで約1時間20分、そこから徒歩約10分。電車の場合はユニオン駅で乗り継ぎDupontまで約45分、そこから徒歩約9分。

⌐ アドレス ┐

1 Austin Terrace, Toronto, Ontario M5R 1X8, カナダ

噴水心理指数

思考指数：■■■■4
感情指数：■■□2

イカロスのような勇ましさ

塔の頭頂にある大きな翼を背中につけた人物の像は、ギリシャ神話に登場するイカロスをモチーフにしていると思われます。今にも大空に飛び出していきそうな両足のかかとを立ち上げた姿は、「私についてくれば安心だ」と言っているようです。塔の四方から噴き出される水は、まるで父ダイダロスが息子イカロスを見守っているかのように優しく、ここにギリシャ神話イカロスの翼の悲劇はありません。

Spot

交通の要衝ブリーク、中世の面影が残るその一角

スイスはドイツ、フランス、イタリア、リヒテンシュタイン、オーストリアに囲まれた国。国際的な交通の要衝として栄えたブリークはヨーロッパの交差点と言われ、スイス国内はもちろん、フランスやドイツ、イタリアなどを結ぶ列車が数多く発着する小さいながらも活気のある街です。ツェルマット、シンプロン峠、アレッチ氷河などブリークは名高い名所に囲まれているため、観光の拠点としても便利です。噴水は旧市街のあちこちに残る中世の面影の中にあります。

ブリークの旧市街（Sebastianskapelle辺り）で見かけた噴水

スイス / ブリーク

大切な人と離れて
孤独を感じているあなたへ

あなたは時間の大切さを知っている人かも。

だから、心の通じ合う大事な人に大切な時間を使います。それはとても充実した時間。でも、大事な人がいなくなると時間をもて余してはいませんか？ ぼんやりと何となく一日を過ごしたり、寂しさのあまり「助けて」と心が叫んだりすることもあるでしょう。しかし、一生のうちに大事な人がいなくなる経験は誰もがするものです。そんなとき、大切な時間は自分自身に使ってください。心通じ合う大事な人には、あなたがなるんです。満たされない心を満たすために。

ふとした瞬間に気づく
「私って……」

メッセージ

家族って
何かわからない？
「用がなくても会いたくなる」
それが家族だよ。

アクセス

チューリッヒ空港から目的地までは車で約３時間。電車を利用して最寄のブリーク駅まで約２時間30分。そこからノルド通りを渡り、バーンホーフ通りをSebastianskapelleに向けて直進して徒歩約５分。ジュネーヴ・コアントラン国際空港から最寄駅までは、車でも電車でも２時間40分程度。ローザンヌ空港から最寄駅までなら、車でも電車でも２時間程度。

アドレス

Furkastrasse1-13,3900 Brig, スイス

噴水心理指数

思考指数：■■■■■5
感情指数：■■2

噴水Story

怖い？ 可愛い？
伝説の動物「マーライオン」

波をかたどった台の上に乗っている上半身がライオンで下半身が魚の巨大なマーライオンは、伝説の動物です。危険や困難に向かっていくような勇ましさの中にも愛情溢れる可愛らしさが同居する、不思議な雰囲気があります。大きな口から穏やかな海面へと勢いよく噴き出される水の姿にも強さと優しさの両面が感じられ、内側から滲み出るようなカリスマ性が発揮されています。

Spot

こちらは「ママ」マーライオン

シンガポールは小規模な島々からなる小さな国ですが、世界遺産に登録されている植物園ボタニック・ガーデンや、巨大植物園ガーデンズ・バイ・ザ・ベイなど数多くの観光スポットがあります。しかし、シンガポールといえばやはりマーライオンでしょう。セントーサ島の巨大なマーライオンがお父さん、マーライオンパークのマーライオンがお母さんといわれています。ちなみに、お母さんマーライオンの後ろには小さくて可愛いマーライオンもいます。

マーライオン

シンガポール マーライオンパーク

毎度お馴染み！

結果ばかりを
気にするあなたへ

あなたは真面目な人かも。でも、何事も真正面から捉え過ぎてはいませんか？ 言い方を変えると、柔軟な考え方が苦手ともいえるでしょう。それでは結果にシビアになってしまうのも致し方ありません。確かに結果は重要です。だから上手くいきたいという思いで必死に頑張れます。しかし、結果だけを見過ぎるとどうしたって「今」を怯えながら進んでしまいます。自分の力を発揮することも難しいでしょう。大切なのは、「今」と「次」を一緒に考えないこと。結果は「今」をきちんと行なえる人についてきやすいものだから。

メッセージ

人と良い関係が
築ける築けないということより
「きずこうとする」姿勢を失わないこと。
それがあなたの人間性。

アクセス

シンガポールは交通機関が発達していて、シンガポール・チャンギ国際空港から目的地までは、電車、タクシー、空港シャトルバスなどの移動手段がある。便利なのはタクシー。約20分で目的地のあるダウンタウン・コアへ行くことができる。電車の場合は、最寄駅のエスプラネード駅まで約40分、そこから徒歩約4分。MRTのラッフルズ プレイス駅からなら徒歩約10分。

アドレス

1 Fullerton Rd, Singapore 049213, シンガポール（Merlion Park）

噴水心理指数

思考指数：■■■■■■
6
感情指数：■■■■■5

ロケットのような巨大な彫刻、噴き出す水はまるで白煙！

多くの木々に囲まれたスペイン広場の中に、セルバンテスを称える巨大な彫刻の塔が聳え立っています。モニュメント後方から迫力満点の全景を見れば、今にもロケットが打ち上げられようとしている瞬間のようで、耳をすませばカウントダウンのセリフが聞こえてくる感じがします。噴き出される水は、まるで発射時に発射台下部から出る大量の白煙のようです。

こちらは、本家本元「スペイン広場」

ヨーロッパのイベリア半島にあるスペインは50の県を17の自治州がまとめています。各都市には多様な文化の融合した芸術や古い街並み、歴史的建造物などの見どころが数多くあります。首都であるマドリードもプラド美術館やマイヨール広場、マドリード王宮や国立ソフィア王妃芸術センターなどの魅力的な観光スポットがある人気観光地の一つです。世界各地に同名の広場がありますが、本家本元のスペイン広場（プラサ・デ・エスパーニャ）に噴水はあります。

スペイン広場（プラサ・デ・エスパーニャ）Monumento Cervantes

スペイン / マドリード

**毎日が楽しくないと
感じているあなたへ**

あなたは向上心のある人かも。余計なことを考えずに何事にも取組む行動力があります。しかし、今「していること」は楽しいですか？ もちろん「したくないこと」「できないこと」をすることは、ストレスを感じるため楽しさを見出せないでしょう。一方「やりたいこと」をすることは、元来「楽しいもの」ですが、型通りに行ない続ける毎日は、日常を退屈にさせます。要は、毎日がつまらないと、「楽しい」という感情自体を忘れてしまうのです。決して、自分を追いこんではいけません。大切なのは、愉快な気持ちに対して消極的にならないことです。

宇宙へ向けて！

メッセージ

自分が嫌だと感じて苦しいなら
悪口や陰口、否定的な話に
楽しみを見つけない。
自分の好きだと思えるものを探すこと。

アクセス

マドリッド・バラハス空港からの移動手段には、バス、地下鉄、電車、タクシーなどがある。目的地まではタクシーで約30分。電車や地下鉄を利用するなら、プラサ・デ・エスパーニャ駅まで約45分、駅を出てすぐ。

噴水心理指数

思考指数：■■■■■■
　　　　■■8
感情指数：■■■■■5

アドレス

Plaza de España, 28008 Madrid, スペイン

水が噴き出す花の中で、何を願う……

休憩用として置かれることの多いガゼボの中に花冠の器のような大小二つの造形物が重なっています。小さな器の中の台座には右胸付近で手を組む男性像があって、実際に同じポーズをとってみると、まるで自分の願いの行末を案じているような心境になります。柔らかに噴き出される水は花冠の器の華やかさと相まって落ち着かない心を静めているようです。

Spot

噴水大国スイスの首都「ベルン」で噴水巡りを楽しむ

マッターホルンにアレッチ氷河、ユングフラウヨッホなど、自然の魅力がたくさんつまっているスイスは噴水大国としても知られています。首都であるベルンには100カ所の噴水があるといわれていますが、なかでも、世界遺産に登録されている「ベルン旧市街」に点在する、彫像の美しい11基の噴水は有名です。それぞれに名前と逸話があるので、散歩を兼ねた噴水巡りが楽しめます。足を延ばして、旧市街中心から少し離れたところにある J. V. Widmann Fountain を訪ねてみてください。

J. V. Widmann Fountain

スイス / ベルン

National

只今模索中！

生きる意味がないと
悲しむあなたへ

あなたは感受性の強い人かも。だから、愛する人を失くしたとき、仕事が上手くいかなかったとき、自分の存在価値に疑問をもつときなど、大きな苦悩が伴います。まわりにある全てのものが遠のいた感じがしませんか？ 孤独も感じることでしょう。そのようなときです。生きる意味がないと思ってしまうのは。しかし、自分の家族や友人が同じ状態だったら、「そんなことはない」と言いませんか？ あなたの心にも「そんなことはない」そう訴えてください。

メッセージ

大切な人を亡くした悲しさが
癒せないんだね。
それは、
かたくむすばれていた証。
心が通い合っていた証。
だからいつまでも胸にしみているんだよ。

アクセス

スイス国内の空港からの移動手段にはタクシー、電車などがある。チューリッヒ空港から目的地までは車で約2時間。電車を利用して、最寄のベルン駅まで約1時間30分、そこから徒歩約5分。ジュネーヴ・コアントラン国際空港から最寄駅までは、車で約1時間40分。電車では約2時間。ローザンヌ空港から最寄駅までは、車で約1時間10分。電車では約1時間30分。

アドレス

Bundesgasse,3011 Bern, スイス

噴水心理指数

思考指数：■■■■■5
感情指数：■■2

植物の中にたたずむ
重厚な彫刻物

背景の王立展示館やカールトン庭園の植物との一体感が感じられる、重厚感と高級感をあわせもつ芸術的な造形物です。細部まで精密に仕上げられた彫刻は美しく、一つひとつの彫刻物の動きと全体的な印象に幸せな物語をあてはめずにはいられません。これらを包み込むように噴き出される水にはそこはかとない優しさが感じられ、あたたかな雰囲気を醸し出しています。

Spot

自然溢れるメルボルン、
噴水は世界遺産の中

広大な面積をもつオーストラリアの魅力といえば大自然でしょう。数多く登録されている世界遺産の約3分の2が自然遺産であるため、南半球特有の自然を満喫できる国です。世界で最も住みやすい都市というタイトルをもっているメルボルンは、約4分の1が公園という緑豊かな街で、都会にいながら自然を楽しむことができます。そんな街の中心にある世界遺産「王立展示館とカールトン庭園」の白い建物と緑の庭のコントラストの美しさの中に、噴水はあります。

カールトンガーデンの噴水
(Houchqurtel Fountain)
オーストラリア/メルボルン

おすすめな人

人と会うのが
苦手なあなたへ

あなたは気づかいのできる人かも。だから、周りの人を気持ちよくさせることに長けています。しかし、気を使い過ぎてはいませんか？ それでは、周囲の空気や人の顔色などを察し過ぎて疲れてしまうでしょう。それが続けば疲れ果て、やがて、人と会うことへの苦痛も感じてしまいます。気使いは程々にとも、もっと自分を優先してとも言いません。それがあなただし、だから人の気持ちのわかる人なのです。必要なのは、自分も気持ち良くなれる人に一人でも多く会うこと。それが誰かはあなたならわかるはずです。

嘘は言わないと
心に決める！

メッセージ

あれやこれやと考えない。
コミュニケーションは
「言って言われて、言われて返す」
極、自然なもの。
そこに気づくことだよ。

アクセス

メルボルン空港から目的地までは、タクシーやバスなどの移動手段がある。タクシーで約25分。バスの場合は乗り継ぎを含めて、最寄バス停のSt Vincents Hospitalまで約50分、そこから徒歩約2分。

噴水心理指数

思考指数：■■■■■■
　　　　　■ 7
感情指数：■■■■■ 5

アドレス

9 Nicholson St, Carlton, Vic 3053, オーストラリア

🌱 マジカ噴水　スペイン / バルセロナ

噴水Story

みる角度によって変わる「魔法の泉」

カタルーニャ美術館前の階段下の広場に「魔法の泉」といわれる円形の巨大な造形物があります。美術館を背にして見る景色は壮大で、エスパーニャ広場を背にして見る景色は幻想的です。噴き出される大量の水のダイナミックな流れは想像を超えた迫力で、近づきすぎると飛沫で濡れてしまいます。週末の夜に行なわれる噴水ショーでは、音と光による神秘的な水の世界が出現します。

Spot

丘の上から、バルセロナを見下ろす

情熱の国、太陽の国ともいわれるスペインは、世界遺産となっている建造物の数が世界トップクラスであるなど、有名観光スポットが国内各都市にたくさんあります。なかでも、ガウディのサグラダファミリアのあるバルセロナは、ピカソ美術館やグエル公園、カサ・ミラやカサ・バトリョなどの見どころが数多くある街です。噴水は、モンジュイックの丘の上にあるカタルーニャ美術館からバルセロナ市内を見下ろした正面にあります。

自信のあることが悪い印象になっているあなたへ

あなたは積極的な人かも。自分でしっかりと考え、素早く判断をし、思いきった行動をします。しかし、他者との協力関係はできていますか？「人のことなんてどうでもいい」と思っていると、あなたが「どうでもいい人」と思われます。評価を落とすことは自信の揺らぎにつながり、やがて、自分を信じられなくなるでしょう。行き着くところ、大切なのは「人を好きかどうか」。それが人にかかわるうえでの根幹だからです。決して、人を好きでいる努力を惜しまないように。その積み重ねが、あなたへの「どうでも」を外すのです。

天と地！

メッセージ

私は欠点ばかりと悩んでいるけれど
あなたには良いものが
たくさん残ってる。
欠点に気づけることもその一つ。

アクセス

バルセロナ・エルプラット国際空港からの移動手段には、バス、地下鉄、タクシーなどがある。目的地まではタクシーで約15分。エアロバスであればスペイン広場まで約25分、そこから徒歩約6分。電車で最寄のPl. Espanya駅（スペイン広場）まで約35分（トラッサ駅でL１線に乗り換えると便利）。

アドレス

Plaça de Carles Buïgas, 1, 08038 Barcelona, スペイン

噴水心理指数

思考指数：■■■■■■■
　　　　　■■8

感情指数：■■■■■■■
　　　　　■■8

太陽が教える時間、噴き上がる水しぶき

人類が最初に作った時計が太陽の作る影で時刻を知る日時計。古くから「日の光とともに目を覚まし、日が暮れたら寝る」当たり前のように繰り返される私たちの生活を支えてきた時計の存在に、有り難みを感じずにはいられなくなります。日時計の指す方向に噴き上がる水しぶきに反射する柔らかな光の中にいると、どこか懐かしい感じが湧き上がってきます。

福島県郡山市「平成記念郡山こどものもり公園」

東北地方に位置する福島県は日本百名山の一つである磐梯山をはじめ、水の色の変化が美しい五色沼や日本で4番目に大きい猪苗代湖など、雄大な自然に恵まれています。北に安達太良山、西に猪苗代湖を有する郡山市も自然豊かな街です。なかでも、国の天然記念物指定を受けている入水鍾乳洞は、郡山市を代表する観光地といえるでしょう。地下水が地中の石灰岩を何万年もの長い歳月を経て浸食した神秘的な姿です。平成記念郡山こどものもり公園の日時計の噴水が、時を刻んでいます。

平成記念郡山こどものもり公園 太陽の広場 日時計の噴水

日本 / 福島県郡山市

おすすめな人

人の顔色を気にし過ぎて
疲れるあなたへ

あなたは人を大事にする人かも。
だから、自分勝手な生き方はし
ません。しっかりと相手を見て、
きちんとした配慮ができます。
しかし、人の顔色を気にし過ぎ
ていませんか？ それでは人とか
かわるたびに緊張することでし
ょう。それがあなたを疲れさせ
る原因です。自分さえ良ければ
他人はどうでもいいという人な
ら疲れることはありません。き
っと、「相手を正しく理解する」
これはあなたの中のゆずれない
部分なのでしょうね。疲れてし
まうのはあなたが優しい人とい
うこと。人を見ることをしない
時代。そのままでいい……私は
そう思う。

あなたとともに……

メッセージ

辛くても
ぬけだせないときがある。
それは
「そのままでいい」ということ。

アクセス

ＪＲ郡山駅から目的地までは、タクシーやバスなどの移動手段がある。タク
シーで約15分。バスであれば牛ヶ池団地入口まで約15分、そこから徒歩約12
分。

噴水心理指数

思考指数：■■■■■5
感情指数：■■■3

アドレス

福島県郡山市富久山町福原左内5－2

ようこそ、ソウルへ♪

ソウルの空の玄関口の一つ、金浦国際空港前の広場は、豊富な緑が取り入れられた落ち着いた景観です。その一角に韓国の伝統的な落ち着いた雰囲気と現代的な要素をとり入れた美しい噴水が、快適な空間をつくっています。噴き出される水はこれから旅に出る人の気分を盛り上げ、旅から戻られた人の一抹の寂しさを癒しているようです。

韓国を楽しみつくす、その入り口

韓国らしさを味わうためには欠かすことのできないポイントがあります。一つ目が、昌徳宮や石窟庵などの世界遺産を訪れる楽しみ。二つ目が、たくさんの人で賑わう東大門市場や南大門市場をはじめとする市場でのショッピングの楽しみ。三つ目が、屋台などでも見かける韓国料理を食べる楽しみです。見る、買う、食すといった三つの楽しみに出会うための玄関口の一つ、金浦空港の前に噴水はあります。

🌿 金浦空港前の噴水

韓国 / ソウル

傷つきやすいあなたへ

あなたは感受性豊かな人かも。他者の気持ちの些細な変化に気づいて寄り添えます。しかし、一方で、他者の目を気にしすぎていませんか？ それでは、人の何気ない言動も重く受けとめてしまいます。小さな批判でも全否定されていると感じることがあるでしょう。人間関係の悩みは尽きず、知らないうちに自分を追いこんでしまいます。繊細なことは悪いことではありません。大切なのは「人を思いやれる自分」。でも、落ちこみやすい自分であり、考え過ぎる自分であり、何よりも「そういう自分」であることを繕うことなく受け入れることです。

情熱の発信地！

メッセージ

努力が報われなかったと
落ちこまない。
あと少し頑張る。
もう少し頑張る。
この少しを続けることを忘れないで。

アクセス

金浦空港からソウル市内のアクセス手段は、バスや地下鉄、空港鉄道A'REX、タクシーなどがあるが、噴水は空港のGATEを出たタクシー乗り場のすぐそば。

アドレス

112 Haneul-gil, Gangseo-gu, Seoul, 韓国

噴水心理指数

思考指数：■■■■■■ ■7

感情指数：■■■■■ 4

砂地の庭の、その先に……

八角形のシンプルな水盤の中央に腰の高さ位の水皿をかかげる塔があります。ざっくりといえば、コースターの上に置かれたワイングラスのような造形物です。景観にマッチしたサンドベージュの色合いとお庭からのアプローチはとても美しく、思わず体が吸い寄せられてしまいます。静かに噴き出される水は落ち着き払っていて、心惹かれる雰囲気を醸し出しています。

Spot

チリワインを飲みながら♪

チリは6,000km以上にもおよぶ海岸線をもつ世界一細長い国です。夏季は高温乾燥、冬季は温暖湿潤の地中海性気候で、アンデス山脈とチリ海岸山脈に囲まれた盆地であることから葡萄が好む環境といえます。実際、アンデス山脈を間近に望む首都サンティアゴの近くには、世界的に有名なチリワインを製造しているワイナリーがたくさんあります。その一つであるViña Santa Ritaのお庭に噴水はあります。チリワインを飲みながら噴水を楽しむのもいいですね。

Viña Santa Rita（ワイナリー）のお庭の噴水

チリ / サンティアゴ

これだけは譲れない！

心を閉ざしているあなたへ

あなたは警戒心の強い一面がある人かも。

人への不安感や恐怖心が強すぎて、人見知りになってしまっていませんか？ それでは相手に対して心を開くことができません。人と親しくなることも難しいでしょう。人は相手の心が見えないと不安になるからです。しかし一方で、あなたは人の良し悪しをしっかりと見抜ける人でもあります。決して間違った人間関係を築きません。自分の力を信じてください。目の前で優しく微笑むその人は、きっとあなたの味方ですよ。

メッセージ

寂しいのはあなただけではないよ。
みんな少なからず
寂しさをもっているもの。
必要なのは
寂しさとともに強く生きること。

アクセス

サンティアゴ空港から目的地までの基本的な交通手段はタクシーかバスになるが、バス移動の難易度は少々高めなので、タクシーがおすすめ。タクシーで約40分。市内主要ホテルからなら約30分。いくつかの噴水やワイナリーを見てまわるのなら車をチャーターするのもいい。

噴水心理指数

思考指数：■■■ 3
感情指数：■■ 2

アドレス

Camino Padre Hurtado 0695 Alto Jahuel,Buin, チリ

砂漠の中のブルー！

なんと言ってもブルーの色の美しさ。造形物の一部を飾る植木鉢のイエローの色との絶妙なコントラストに思わずため息がこぼれてしまいます。シンプルな四角形の水盤と中央に立つ小さな塔の造形美や色合いが相まって、まるで砂漠の中に突如出現したオアシスの恵みに触れた気分にさせられます。優しく噴き出される水も、幻想的な雰囲気の演出に一役買っているようです。

Spot

「神の国」マラケシュにある、美しい庭園

大西洋と地中海に面した北アフリカのモロッコはヨーロッパ、アフリカ、アラブとの交易で栄えた国です。その結果、活気溢れる歴史的な街が数多くあります。「神の国」を意味するモロッコ西部の都市マラケシュもその一つでしょう。なかでも、世界遺産登録されている旧市街は、かつての栄華がしのばれる見どころ満載の街です。噴水のあるマジョレル庭園は新市街にあります。マジョレル・ブルーと呼ばれる目の覚めるような青が随所に散りばめられた美しい庭園です。

🌿 マジョレル庭園の マジョレル・ブルーの噴水

モロッコ / マラケシュ

見事なコーディネート！

柔軟性のないあなたへ

あなたは生真面目な人かも。習慣や規則を守ることで、最低限、身の回りを良い状態に保つことができます。しかし、自分の決まりや物事に縛られていませんか？ それでは、何事も自分を中心に考えてしまいがちで、メリットのない行動は億劫に感じます。人間関係に不測の事態が生じても、効果的な対処はできません。いずれ信頼も失ってしまうでしょう。自分のルールに固執しない「柔軟性」は大切ですが、今必要なのは「協調性」。変えることより先ずは合わすこと。たとえ「ふり」でも、周囲の人や事に興味関心をもって合わせていきましょう。

メッセージ

みんなが私のことを
嫌っていると言うけど、
本当にみんなですか？
「みんな」でなければ
凄く嬉しいね。

アクセス

マラケシュ・メナラ空港から目的地までタクシーで約20分。バスであれば最寄バス停のBen Tbibまで約40分、そこから徒歩約8分。モロッコ最大の都市カサブランカを経由するなら、ムハンマド5世国際空港からタクシーで約45分、電車であれば約30分のカサ・ヴォヤジャー駅へ行き、Marrakech Railway駅まで電車で約4時間、そこから徒歩約35分。タクシーなら約10分。

アドレス

Rue Yves St Laurent, Marrakech 40090, モロッコ

噴水心理指数

思考指数： ■■■■■ 5
感情指数： ■■ 2

魚たちが称える、太陽の恵み

長方形の大きな水盤の中央には、美しくかつ堅固に石積みされた円形の造形物があります。その上には十数匹の魚が円を縁取るようにきらびやかに配列されていて、中央では魔法の杖のような黄金の柱がゆっくりと廻っています。それはまるで強い光を放つ太陽のようで、放射線状に噴き出される水とともに周囲を明るく照らしています。

ロシアのベルサイユ、
「ペテルゴフ宮殿」

ヨーロッパとアジアにまたがる世界で最も広い国、ロシア。歴史遺産や芸術などの見どころも豊富な国で、北のベニスと称せられるサンクトペテルブルクは一大観光名所の街として知られています。なかでもロシアのベルサイユとも呼ばれるペテルゴフ宮殿と150以上もの噴水のある広大な庭園は、ロシアを代表する観光地の一つといえるでしょう。彫刻と水が織りなす幻想的な光景の数々に魅せられてください。

🌿 「ペテルゴフ」
夏の宮殿の庭園噴水
フォンタン・ソルンツェ

ロシア / サンクトペテルブルク

太陽の恵み！

自分のことを
後回しにするあなたへ

あなたは人を思いやれる人かも。至極、普通のことのように自分の気持ちを押し殺して相手に合わせることが多いのではありませんか？ しかし、他人を優先することに喜びを感じるならストレスはありませんが、そこに喜びがなく、ただ相手のご機嫌を損ねないためのものであれば心や身体に支障が出てしまいます。それは自分を大切にできなくなっているといえるでしょう。大切なのは「私は大丈夫」という習慣に「待った」をかけること。相手を思いやる心は誇るべきことですが、決して自分を見失わないように。

メッセージ

「苦労した」と言う。
でも、人生に苦労はつきもの。
どれだけ苦労しても、
いつか忘れられる
苦労ならいい。

アクセス

プルコヴォ空港からの移動手段にはバスとタクシーがある。おすすめはタクシー。目的地までタクシーで約40分。バスの利用ならば、地下鉄とバスを乗り継いで約2時間15分。サンクトペテルブルク市内中心部へは、バスと地下鉄を乗り継ぎ約1時間。タクシーで約30分。市内から目的地へは、地下鉄とバスを乗り継ぎ約1時間45分。タクシーで約50分。

アドレス

Razvodnaya Ulitsa, 2, Sankt-Peterburg, ロシア

噴水心理指数

思考指数：■■■■■■
6

感情指数：■■■■■■
■ 7

噴水Story

主役は、黄金の男性！

円形の水盤の中央にまるで舞台に登壇して演説しているような黄金の男性像のある造形物です。きらびやかな像の色合いが崇高な雰囲気を醸し出し、堂々とした威厳と人間的重々しさを感じさせています。像を囲むように噴き出される無数の水と立ちのぼる水煙は華やかさを演出し、高級感を漂わせています。

Spot

岩手県の県央エリア、盛岡市にある県営運動公園

東北地方に位置する岩手県は北海道に次ぐ日本第2位の広さを誇っています。ドラマ「あまちゃん」のロケ地の街や御所野遺跡のある県北エリア、角塚古墳や平泉遺跡群のある県南エリア、リアス式海岸で有名な三陸海岸などの景勝地のある沿岸エリア、岩手山・八幡平と周辺に広がる田園部のある県央エリアなど見どころが点在しています。噴水は県央エリア都市部にあたる盛岡市の県営運動公園にあります。そこは多くの人が楽しめる施設の集まった総合公園です。

🌿 県営運動公園の噴水

日本 / 岩手県盛岡市

理想の親像を
両親に求めてしまうあなたへ

あなたは無償の「愛」を与えられる人かも。しかし、愛情が深すぎるあまり理想とする親像を両親に求め過ぎてはいませんか？ あなたが小さいときと今のお父さんお母さんは違います。歳もとりました。あなたの求めに全て応えることは到底無理なのです。これまでと同じようにかかわっていては「負担」を与えます。あなたももどかしく思うことでしょう。それを「変わってしまった」と嘆かないでください。親が親であることはずっと変わりません。ただ、お父さんお母さんが、お爺ちゃんお婆ちゃんになっただけなのです。それを受け入れましょう。

時の過ぎゆくままに！

メッセージ

親が歳をとったと悲しまない。
親はあなたの父母である前に
ひとりの人間。
それを忘れなければ、互いが幸せ。

アクセス

JR盛岡駅から目的地までは、タクシーやバス、電車などの移動手段がある。タクシーで約10分。バスであれば、最寄バス停の運動公園口まで約12分、そこから徒歩約4分。電車であれば、厨川駅まで約7分、そこから徒歩約14分。

噴水心理指数

思考指数：■■■■■5
感情指数：■■■■■■
　　　　　6

アドレス

岩手県盛岡市みたけ1丁目10-1

豊かな緑と花の中に、岩？？

広大な敷地の豊かな緑と色鮮やかな花々の中を歩いていると、引き寄せられるかのようにいくつもの大きな岩が現れます。一見、この場に似つかわしくないような光景に一瞬不思議さを覚えますが、岩の側に立って周囲を見渡せば、岩たちが美しい自然と一体であることが感じられます。岩の間から噴き出される霧状の水があたり一面を包むと、何ともいえない幻想的な風景が完成されます。

Spot

横浜にある四季の森公園で、美しい景色を堪能

観光都市横浜をはじめ、鎌倉、湘南、江の島、箱根など全国的に有名な観光地が多く点在する神奈川県は温泉やグルメ、ショッピングなどあらゆる楽しみのつまった都道府県です。魅力的なスポットの一つに、横浜の市街地でありながら昔ながらの美しい景色の堪能できる県立四季の森公園があります。広大な森の中に子供から大人まで多くの人が楽しむことのできる施設が数多く配置されている公園で、噴水もその一つです。

県立四季の森公園の噴水

日本 / 神奈川県

おすすめな人

人を信頼できないあなたへ

あなたは心配性な人かも。
人や物事に対して非常に敏感です。その能力を上手に利用すれば周囲の環境を調整することにも役立ちます。しかし、考え過ぎるがあまり「大丈夫かな」「本当かな」と人の気持ちに疑念をもってはいませんか？ それでは、人を助けることも人にお願いすることもできません。不安や焦りも高まるばかりです。まずは、人の気持ちはもちろん、自分の気持ちだって100％わからないと理解しましょう。そのうえで、どんな困難にも対処できる自分の力をもっと信じることです。

人生は間違い探し！

メッセージ

あの人は大嫌い　あの人は大好き。
人ってそういうもの。
でも、大嫌いが大好きになる
大好きが大嫌いになる。
人ってそういうもの。

アクセス

JR横浜駅から目的地までは、タクシーやバス、電車などの移動手段がある。タクシーで約25分。バスなら、よこはま動物園行きで旭台まで約45分、そこから徒歩約16分。電車であれば、最寄駅の中山駅まで約20分、そこからタクシーで約5分。ゆっくり歩いても20分程。

アドレス

神奈川県横浜市緑区寺山町291

噴水心理指数

思考指数：■■■■■ 5
感情指数：■■■ 3

噴水の中に現れる
ギリシャ神話

アポロンを水盤中心の塔の頭頂におき、テセウスにミノタロス、アルテミスなどのギリシャ神話をモチーフとした像が三方に配置された造形は美しく、公園内を散歩していたら思わず立ち止まって、ただ見とれてしまいます。様々な場所から異なる形状の水が噴き出される様子を見ていると、話に聞くギリシャ神話の物語が目の前で動き出したようです。

Spot

壮大な自然を誇る
オーストラリア

インド洋と太平洋に囲まれた国オーストラリアにある世界遺産のうち、約3分の2が世界自然遺産です。グレート・バリア・リーフやマッコーリー島など、南半球特有の自然を満喫することができます。国内最大都市であるシドニー近郊では、巨木の森が太古の歴史を物語っているブルーマウンテンズや野生のイルカやクジラに会うことのできるポート・スティーブンスなど、壮大な自然を目の当たりにできます。シドニー市内にある噴水も、たくさんの木々が生い茂る公園の中にあります。

ハイドパークの
アーチボルド噴水

オーストラリア / シドニー

自分の弱さを感じている
あなたへ

あなたは自分の気持ちに正直な
人かも。

だから、弱いと認める素直さも
あります。しかし、落ちこんで
はいけない、不安になってはい
けないなど、気持ちへの理想が
高くありませんか？ それでは、
自分が弱く感じることも少なく
ありません。それは、落ちこま
ない人も不安にならない人もい
ないからです。弱いと思えば
鬱々とした気分の毎日になるで
しょう。やがて、自分の力も出
せなくなります。大切なのは、
理想的な気持ちの状態ではなく、
気遣いのいらない気持ちの状態
でいること。それは…無理をし
なくていい気持ちです。

想いのままに進め！

メッセージ

悲しさや寂しさで
胸が締めつけられるのは、
あなたが
優しさをもった人間ということ。

アクセス

シドニー国際空港から目的地までは、タクシー、バス、電車などの移動手段
がある。何を利用しても、シドニー市内まで約30分。セント・ジェームズ駅
から徒歩約3分。

噴水心理指数

思考指数： ■■■■■■
　　　　　■7

感情指数： ■■■■■■■
　　　　　■7

アドレス

Elizabeth St, Sydney NSW 2000, オーストラリア（Hyde Park）

テクノ中央緑地公園の噴水 日本 / 熊本県上益城郡益城町

噴水Story

まるで一輪の花！

大きな花が見事にパッと開いたような造形物です。お花畑といわれる場所には何千、何万本もの色とりどりの花たちが一面に咲き誇り、見る人の心を和ませてくれますが、ここに咲く一輪の花の美しさも圧巻で勝るとも劣りません。中心の筒状花から噴き出される大量の水によって、あちらこちらで咲く花以上に極めて個性的で独特な雰囲気を醸し出しています。

Spot

肥後ギクを、噴水で味わう

熊本県の熊本城は県を代表する観光地です。日本三名城の一つに数えられるだけでなく、定番の桜の名所としても知られています。肥後の国、熊本は古くから植物の栽培が盛んで、県内には花の綺麗な場所が沢山あります。肥後ギク、肥後花ショウブ、肥後サザンカ、肥後アサガオ、肥後シャクヤク、肥後ツバキは肥後六花と呼ばれる熊本を代表する花々で、上益城郡益城町の緑地には、六花の一つ肥後ギクを意識させる見事な噴水があります。

我の強さに悩むあなたへ

あなたは意思の強い人かも。

周囲に流されません。しかし、自分の考えを一切曲げることなく強引に押し付けてはいませんか？ これが「ありのまま」の私だと自分の考えや気持ちをいつも最優先にしていたら「わがまま」と思われます。いつの間にか距離もおかれてしまうでしょう。口に出さずとも心の中では嫌われているからです。言動を変えるのは大変難しいこと。先ずは、全身に現れている強さを柔らかなものに変えたらいい。髪型や服装などの思いきったイメージチェンジが、悩むあなたの「こうなりたい」という自分づくりの力になる。

素敵な贈り物！

メッセージ

人はありのままをもとめる。
私は私　あなたはあなた。
でも、「あなたと私、心は一つ」
というところから「何か」が生まれる。

アクセス

JR熊本駅から目的地までは、タクシーやバス、電車などの移動手段があるが、タクシーやバスが便利。タクシーで約35分。リムジンバスであれば、テクノ団地入口まで約55分、そこから徒歩約8分。熊本空港からならタクシーで約6分。徒歩では約35分。

アドレス

熊本県上益城郡益城町田原上面の平2081-1

噴水心理指数

思考指数：■■■■■■
6

感情指数：■■■■■■■
■7

🌱 的ヶ浜公園の噴水　　日本 / 大分県別府　　　　🔴

噴水Story

この場所で、空と海が交わる!

半輪状の2つのリングが斜めに重なりひとつとなったシンプルな造形物です。海沿いの洗練されたデザインが開放感溢れる景色を生み出し、それはまるで空と海の2つの色がひとつとなった大海原を望むくつろぎの空間です。一点をめがけて勢いよく噴き出される水の音は周囲の音を締め出す波音のようで、その場に溶けこむような一体感を感じさせてくれます。

Spot

地獄めぐりのゴールを、噴水に♪

大分県は温泉の源泉数、湧出量ともに日本一の都道府県です。なかでも、別府温泉は九州屈指の温泉地でお湯の湧出量が世界第2位を誇っています。別府で一番の観光スポットといえば、7つの異なる温泉噴出口を巡る地獄めぐりでしょう。噴き出される熱湯の迫力は、まさに地獄を思わせる風景です。しかし、少し足を延ばせば温泉地とはまた違った風景が広がります。雄大な別府湾を望む的ヶ浜公園の噴水から噴き出される水の眺めです。

嫉妬心に苦しむあなたへ

あなたは負けず嫌いな人かも。

だから、何事も今よりも良くしていこうと積極的です。しかし、向上心が強すぎて、過剰なまでに他者と自分を比べていませんか？ 比較することは自分を奮い立たせる力になりますが、優劣を気にしすぎると、自分の悪いところや劣っているところを感じてしまいます。気分の落ち込みは増え、やがて自分を追い込んでしまうでしょう。大切なのは、同じ人間など一人もいないこの世の中で、人と比べて上だ下だと考えるのは無意味だと気づくことです。何よりも、今の自分をもっと大切にしてあげましょう。

溢れるドーパミン！

メッセージ

自分が幸せでなくても
近くに幸せがあれば…
なんか、幸せ。

アクセス

ＪＲ大分駅から目的地までは、タクシーやバス、電車などの移動手段がある。タクシーで約20分。バスであれば別府タワー前まで約30分、そこから徒歩約１分。電車であれば別府駅まで約８分、そこからタクシーで約６分。歩いても約10分。

アドレス

大分県別府市北的ケ浜町5

噴水心理指数

思考指数：■■□ 3
感情指数：■■□ 3

♥ ルーブル美術館前の噴水　フランス / パリ

噴水Story

偉大な芸術に挟まれて……

モナリザを所蔵していることでも知られるルーブル美術館の中庭に、ガラスと金属でつくられたピラミッドがあります。一見、相容れない関係のような古典的建築物と未来的建造物ですが、見事に融合し、周囲の景観とも一体化しています。高々と噴き出される水柱は、ピラミッドとルーブル美術館の2つの美しさをつなぐ架け橋のようです。

Spot

世界中から芸術が集まる「ルーブル美術館」

世界の観光者数ランキング1位であるフランスは、有名な観光名所が国内各地に数多く点在しています。なかでも、首都パリはエッフェル塔や凱旋門、サクレ・クール寺院やガルニエ宮、コンシェルジュリーなど多くの人で賑わう観光地ばかりです。世界的な絵画や美術品の集まるルーブル美術館もその一つでしょう。噴水は入場を待つ多くの人でごった返すガラスのピラミッド中央入口横にあります。

視野の狭いあなたへ

あなたは理想に向けて力を尽くす人かも。周囲に惑わされることなく人生の目標へ突き進みます。でも、何事も自分が正しいと思って貫き通していませんか？ それでは、失敗してはじめて自分が正しくないことを知ります。原因を改善しないままでは、見えるものも見えなくなってしまうでしょう。やがて、人生に迷いも生じさせてしまいます。人生の答えは一つではありません。もう一つ考えてみましょう。大切なのは、思ったことの「逆も無理して考える」ことです。新たな視点は理想に近づく一歩になるはずです。

日常を飛び出す！

メッセージ

どのように生きたらよいか
わからないというけど、
それは今を自由に生きている証。
大切なのは、自由に
責任をもって生きること。

アクセス

パリ北駅から目的地までタクシーで約10分。徒歩で約35分。バスではパレ・ロワイヤルまで約15分、そこから徒歩約3分。地下鉄ではパレ・ロワイヤル・ルーブル美術館駅まで約35分、そこから徒歩約1分。

アドレス

Place du Carrousel, 75001 Paris, フランス

噴水心理指数

思考指数：■■■■■■
6

感情指数：■■■■■■
6

ミレニアム・モニュメントの噴水

アメリカ / シカゴ

シカゴの街に佇む、優雅な噴水

シンプルな円形の造形物が「柱に囲まれている」ように配置されている美しいモニュメントです。伝統的な半円形の列柱廊の柱は12mほどの高さがあって、個性豊かな近代的なビルがたち並ぶシカゴの街の中で古典的な優雅さを感じさせます。あの空に届けとばかりに高々と噴き出される一本の水は、そこはかとない魅力に溢れています。

シカゴ市民の憩いの場所 「ミレニアムパーク」

イリノイ州最大の都市であるシカゴはニューヨーク、ロサンゼルスに続くアメリカで3番目に大きな都市です。大きくて立派な建物と、自然が共存する美しい街シカゴ。市民の憩いの場所にミレニアムパークがあります。ザ・ビーンという名で親しまれているオブジェや、人の顔が大きく映し出されるクラウン・ファウンテン。ミレニアム・モニュメントの噴水もここにあります。

人に恐怖を感じるあなたへ

あなたは人の気持ちを考える人かも。その場の空気を察して、たとえ自分が辛くても人を気遣えます。しかし、相手に不快な思いをさせないようにと躍起になってはいませんか？「嫌われたら」「失望させたら」と考えていては、何をするにも動揺がつきまといます。がっかりされようものなら失望感でいっぱいになるでしょう。もうこれ以上頑張れないと思ったら、人と接することへの怖さも感じてしまいます。先ずは、人への不安感を安心感に変えること。一人でいい。あなたを大切にしてくれた人のことを思い出しましょう。

道を切りひらく！

メッセージ

きっととても辛いんだろね。
大丈夫じゃないと思う。
でも、大丈夫じゃないままでも
人って前に進めるものだよ。

アクセス

シカゴ・オヘア国際空港から目的地までは、タクシー、乗り合いのバン、電車などの移動手段がある。タクシーで約30分。電車であればモンロー駅までは約45分、そこから徒歩約14分。ミレニアム・パークの最寄駅には、ミレニアム駅やランドロフ／ワバッシュ駅などがある。

アドレス

201 E Randolph St, Chicago, IL 60602, アメリカ合衆国

噴水心理指数

思考指数：■■■■■■ 7
感情指数：■■■■ 4

地下からこんこん？

重厚感のある教会の色合いとマッチした赤色の造形物はどっしりと落ち着いていて、その姿を見ていると守られているかのような安心した気持ちになります。頂上からこんこんと噴き出される水は、優しく下の方へとしたたり落ちていきます。それはまるで何十年、何百年もの旅を経て地下水が地表に自然に出てきた湧水のような清らかさを感じさせます。

Spot

多くの寺院があるサンディアゴで、最も古い教会の前

アンデス山脈を間近に望むチリの首都サンティアゴは南米でも有数の大都市で、街には古い建物から新しい建物まで、様々な建築物が立ち並んでいます。市内に存在する多くの寺院の一つに、サンティアゴの旧市街に建つサン・フランシスコ教会があります。サンティアゴで保存されているもののうちでもっとも古い暗赤色の教会で街のシンボルとなっています。その教会の正面にある小さな広場に、教会に負けない堅牢なつくりの噴水があります。

サン・フランシスコ教会前広場の噴水

チリ / サンティアゴ

どんと構える！

<small>おすすめな人</small>

人生を悲観している
あなたへ

あなたは人生の大切さを知って
いる人かも。

だから、いつも希望を胸に真剣
に生きています。でも、思い通
りに人生を歩めないと、どん底
気分に陥ることがありません
か？「どんなときでも希望をも
って」と気軽に言われても、「何
もかもやめてしまいたい」と自
暴自棄になることもあるでしょ
う。しかし、たとえ思い通りに
ならないことがあっても、将来
幸せになれないと決まってはい
ません！ 大切なのは、悲観して
いる今をどう過ごすかですよ。

<small>メッセージ</small>

私の人生は
良い人生じゃないという。
たしかに
これまでを生きなおすことは出来ないけど、
これからをつくりなおすことはできるんだよ。
何度でも何度でも。

<small>アクセス</small>

サンティアゴ空港から目的地までの基本的な交通手段はタクシーかバスにな
るが、バス移動の難易度は少々高めなので、タクシーがおすすめ。タクシー
で約20分。市内主要ホテルからなら10分程度。市内の噴水をいくつか見てま
わるのなら車をチャーターするのもいい。

<small>アドレス</small>

Av Libertador Bernardo O'Higgins 816, Santiago, チリ

噴水心理指数

思考指数：■■■■■
　　　　　■7
感情指数：■■■3

噴水Story

幾何学模様のモザイクを使った「水の万華鏡」

全長200メートルもの高さを誇るミナレットを擁するハッサン2世モスク前にある造形物は、小さくカットされたタイルを組み合わせて幾何学模様のモザイクにした「ゼリージュ」という伝統技法を用いて作られたものです。上から見たら花模様のようにも見える星形多角形の美しさに圧倒されてしまいます。噴き出される水は姿をぼやかし、まるで万華鏡を覗いた世界のように幾重にも模様が変化していきます。

Spot

モロッコ王国最大の都市「カサブランカ」

アフリカ大陸北西部のスペインのすぐ下に位置するモロッコは、アフリカ大陸の中でヨーロッパに最も近い国です。また、古くからアラブなどとの交易も盛んであったことから、ヨーロッパ風とアラブ風の混在した異国情緒が漂っています。スペイン語で「白い家」を意味する、モロッコ王国最大の都市カサブランカもその一つでしょう。一番の観光スポットが大西洋に面する広場に建つハッサン2世モスクです。二十世紀最高の芸術作品ともいわれるモスクの前に噴水はあります。

ハッサン2世モスク前の噴水

モロッコ / カサブランカ

自信のないあなたへ

あなたには怖がりな面があるかも。しかし、あなたのさまざま言動への躊躇が危険を回避させ自分を守っています。ただ、怖がり過ぎてはいませんか？ それでは、自分に自信がもてなくなります。自分は駄目だと悩むことも多いでしょう。結果、何も出来ない足踏み状態に陥ってしまいます。怖がることがいけないわけではありません。必要なのは、何をするにしても「すぐに諦めない心」です。それが、怖さを軽減させる力になるでしょう。実力はないのに自信だけはある人が多い世の中、もしかしたら、少しくらい恐怖心をもっている方が、バランスのとれた生き方ができるのかもしれません。

幾何学的な
調和の美しさ！

メッセージ

私には人を助ける術がないという。
でも、たとえ助ける方法がわからなくても、
どんなときでも「乗り越える力」はあげられる。

アクセス

ムハンマド5世国際空港からの移動手段は、タクシーと電車がある。目的地が中心街から少し離れた海岸沿いにあるので、バスよりタクシーが便利。約40分。

アドレス

Corniche, Casablanca 20000, モロッコ

噴水心理指数

思考指数：■■■■■■
　　　　　6
感情指数：■■■ 3

水柱が噴き上がる！

シンプルで大きな造形物の器は空模様が綺麗に湖面に映る湖のようです。穏やかな姿に思わず安心感を覚えます。一方、200本以上の水柱の噴き上がる姿はとても壮観です。目の前に一つの大きな山がそびえ立っているかのようで、近くに行けば行くほどエネルギッシュな躍動感がひしひしと伝わってきます。それはまるで大自然に包まれているような贅沢な空間です。

Spot

ギネスブックにも載った、複合噴水施設

リマ市内にあるレセルバ公園には13基もの噴水が設置されていて「公共公園内にある世界最大の複合噴水施設」としてギネスブックに認定されています。見て楽しむ噴水や触れて遊べる噴水など様々な噴水があって、夕暮れ時にはイルミネーションショーも行なわれています。魔法の噴水巡りといわれるだけあって、子どもから大人まで多くの人を惹きつけてやみません。ご紹介した噴水はそのうちの一つで、入園してすぐの所で来る人を迎えています。

レセルバ公園の噴水

ペルー / リマ

千の水になって！

人生に疲れてしまった あなたへ

あなたはとても頑張り屋かも。だから、疲れを感じたときにはなんとか前向きに考えたり、自分に優しくしたり、好きなことだけを追求して気を紛らわすこともあったことでしょう。でも、疲れたことに目を瞑っているだけでは、やがて心が壊れて一気にやる気や気力もなくしてしまいます。大変な状況にいるのに、無理に幸せの絶頂を味わおうとしてはいけません。大切なのは、疲れていることを承知したうえで明るい見通しを持つこと。疲れている自分にもしっかり目を向けて！

メッセージ

人生長い上り坂だとめげてはいけないよ。
もう駄目だと思ったら
上ってきた坂を振り返ってみたらいい。
そこは下り坂。
大切なのは、
あなたが今をどう捉えるかなんだよ。

アクセス

ホルヘ・チャベス国際空港からレセルバ公園やリマ市内のホテルへはいくつかの移動手段があるが、流しのタクシーや路線バスではなく、空港タクシーかホテルの送迎サービスが何よりも安全で快適。目的地まで約30分。

アドレス

Jr. Madre de Dios S/N, Cercado de Lima, ペルー

噴水心理指数

思考指数：■■■■4
感情指数：■■■■■■
　　　　　■7

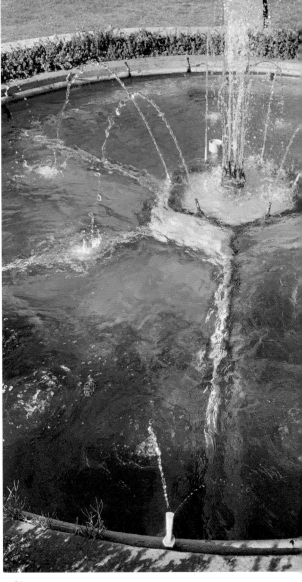

上等なワインのような味わい

石壁造りの小さな造形物であり
ながらも、周囲の景色との調和
から奥行きの深さが感じられま
す。実際、表から見えない地中
の造形部分にも工夫が施されて
おり、高級なワインというより、
上等なワインのような深い味わ
いがあります。穏やかに小さく
噴き出される水は、その場を上
手くとりなしているソムリエの
ようで、醸し出される雰囲気が
とても優雅です。「サルー！（乾
杯)」

Spot

**ワインでも有名なチリ、
噴水はワイナリーの庭に……**

南米の太平洋側に沿って延びる
細長い国チリの首都サンティア
ゴは、アンデス山脈とチリ海岸
山脈に囲まれた盆地にあります。
南北4,300 km以上にもおよぶ国
土の海岸線をもつだけに、新鮮
な魚介類を食すのも一つの楽し
みですが、その料理の味をもっ
とおいしく引き立ててくれるの
が、世界各国で多くの人に愛さ
れているチリワインでしょう。
噴水はそのワインを生産してい
るワイナリーのお庭にあって、
なんと地下のワイン貯蔵庫から
噴水の後ろ姿？ も眺めることが
できます。

🌱 Vina Haras de Pirque （ワイナリー）のお庭の噴水

チリ / サンティアゴ

噴き出す
水の向こう側！

繊細すぎるあなたへ

あなたは物事をよく考える人かも。人が気にもとめないことに目を向けられて、細かな気配りをすることができます。だから、周囲の人たちに居心地の良い環境をつくってあげられるのです。でも時々、気がつかなくてよいことまで気がついてしまって一人悩むことも少なくないのではありませんか。「気にしないほうがいいよ」といくら言われても気にしてしまう。それはあなたの良い部分。それなら積極的に自分のことも意識して、自分にとっての居心地の良い環境もつくりましょう。決して繊細さがコンプレックスにならないように。

〔 メッセージ 〕

「変わったね」と
言われたことがショックなんだね。
でも、あなたが何も変わっていなくても、
周りが変われば、
あなたは変ってみられるもの。
必要なのは、自分を見失わないことだよ。

〔 アクセス 〕

サンティアゴ空港から目的地まではタクシーで約50分。市内主要ホテルからでも約40分。おすすめなのは、ilovechile Tours。とても効率的な噴水巡りのツアーをつくっていただけます。特に、この噴水の真下にあるワイナリーから見上げる景色は、ガイドをしてくれたSeb and Franがいなければ見ることができなかったでしょう。とても素敵な人たちにも出会えました。

〔 アドレス 〕

Unnamed Rd, Pirque, Región Metropolitana, チリ

噴水心理指数

思考指数：■■■■■■
6

感情指数：■■■■ 3

ジャンル別で見た世界の噴水

　PartⅠでは63カ所の噴水を紹介していますが、これらは私がこれまで会いに行った、世界中にある約3000カ所以上の噴水のほんの一部に過ぎません。紙面の制約でそのすべての写真を掲載することはできませんが、私なりに設定したジャンル分けで、それぞれ10カ所ずつの噴水名と、１番目の噴水の写真（☆マーク）を掲載することにします。

五つ星噴水

❶アメリカ シカゴ バッキンガム噴水☆
❷アメリカ ダラス Mustangs of Las Colinas
❸オーストラリア シドニー エル・アラメイン噴水
❹モロッコ マラケシュ マジョレル庭園のマジョレル・ブルーの噴水
❺日本 京都 向日市の噴水公園の噴水
❻モロッコ マラケシュ マジョレル庭園エントランスの噴水
❼迎賓館赤坂離宮の噴水
❽フランス パリ ジュルジュ・ブラッサンス公園の噴水
❾リトアニア カウナスの噴水
❿日本 宮城 仙台市 榴岡公園の噴水

面白噴水

❶日本 静岡 青葉緑地の噴水「ZEN」☆
❷アメリカ シカゴ クラウン噴水
❸スイス バーゼル ティンゲリーの10基の機械式噴水
❹オーストリア ウィーン ザルツブルク ヘルブルン宮殿の仕掛噴水たち
❺カナダ トロント バークジーパーク 犬の噴水
❻ロシア サンクトペテルブルク「ペテルゴフ」夏の宮殿フォンタン・ゾンチク
❼アメリカ カンザスシティ カントリー・クラブ・プラザ内 小便小僧風の噴水
❽メキシコ メキシコ国立人類学博物館の噴き落とされる噴水
❾シンガポール マーライオンパーク マーライオン
❿日本 沖縄 那覇市 国際通りのシーサーの噴水

ゆっくり考えることに浸れる噴水 思考噴水

①日本 福島 郡山市 平成記念郡山こどものもり公園 太陽の広場 日時計の噴水☆

②イタリア ローマ チボリのエステ家別荘入口手前広場にあるイゴール・ミトライの噴水

③チリ サンティアゴ Viña Santa Rita（ワイナリー）のお庭の噴水

④イタリア ローマ フィウミチーノ空港近くのレインコートを着た紳士の噴水

⑤チリ サンティアゴ サン・フランシスコ教会前広場の噴水

⑥日本 神奈川 県立四季の森公園の噴水

⑦日本 鹿児島 中央公園の噴水

⑧中国 上海 新天地北里の噴水

⑨スペイン マドリード El Corte Inglés Serrano 47前の噴水

⑩イタリア ローマ バルカッチャの噴水

気持ちを解放できる噴水 感情噴水

❶シンガポール チャンギ国際空港ジュエル（Jewel）の「雨の渦」☆
❷香港 ザ・ペニンシュラ香港前の噴水
❸韓国 韓国銀行貨幣金融博物館前の噴水（新世紀水池）
❹フィリピン マニラ 中央郵便局前の噴水
❺フランス ベルサイユ ベルサイユ宮殿の列柱廊の噴水たち（Bosquet de la Colonnade）
❻フランス パリ ルーブル美術館前の噴水
❼日本 熊本県上益城郡益城町 テクノ中央緑地公園の噴水
❽オーストラリア シドニー ハイドパークのアーチボルド噴水
❾オーストラリア メルボルン フィッツロイ・ガーデンのDolphin Fountain
❿日本 山口 岩国市吉香公園の噴水

高揚感を感じられる噴水

❶バチカン市国 サン・ピエトロ広場の噴水☆

❷イタリア ローマ トリトーネの噴水

❸ロシア サンクトペテルブルク ペテルゴフ宮殿の庭園噴水

❹チリ サンティアゴ Parque Forestal の噴水

❺カナダ トロント カサ・ロマのお庭の噴水

❻ロシア サンクトペテルブルク「ペテルゴフ」夏の宮殿 トリトンの噴水

❼タイ バンコク チットラダー離宮前の噴水

❽日本 東京 和田倉噴水公園の噴水

❾アルゼンチン・ブラジル・パラグアイ 3国国境展望台の噴水

❿韓国 盤浦大橋の月光レインボー噴水

自分を一瞬忘れさせてくれる噴水

❶イタリア ローマ チボリのエステ家別荘「ネプチューンの噴水」☆

❷スペイン バルセロナ サルバドール・アスプリー庭園の噴水

❸日本 北海道 札幌市 モエレ沼公園 海の噴水

❹シンガポール 富の噴水

❺フランス パリ コンコルド広場の噴水

❻フィリピン マニラ barangay の環状交差点の噴水

❼イギリス ロンドン Girl with a Dolphin Fountain

❽マレーシア クアラルンプール ムルデカ・スクエア（独立広場）の噴水

❾アルジェリア オランの place des victoires の噴水

❿ドイツ ハレの The Gobel Fountain

元気をくれる噴水

❶イギリス ロンドン トラファルガー広場の噴水☆
❷ブルガリア プロヴディフ中央広場の噴水
❸日本 東京 日比谷公園 大噴水
❹日本 愛知 名古屋市 久屋大通公園の希望の泉
❺イタリア ローマ チボリのエステ家別荘「大グラスの噴水」
❻インド ジャカルタ モナス近くの Patung Kuda Arjuna Wijaya
❼デンマーク ゲフィオンの噴水
❽ウズベキスタン タシケント市の独立広場の噴水
❾日本 東京 亀戸駅前公園の亀の噴水
❿イタリア ローマ 亀の噴水

幸せを感じられる噴水

1. カナダ トロント カサ・ロマ内の噴水☆
2. 日本 青森 平和公園の噴水
3. アメリカ カンザスシティ ユニオン駅前の噴水
4. 日本 富山 県庁前公園の噴水
5. 日本 栃木 佐野市 JR佐野駅前「おしどり」像の噴水
6. スペイン マドリード スペイン広場 Fountain of the Birth of Water
7. イギリス ロンドン ハイドパークのJoy of Life Fountain
8. ウルグアイ モンテビデオの南京錠の噴水
9. コロンビア グアタペのカラフルな噴水
10. ポルトガル ロシオ広場の噴水

存在意義を感じさせてくれる噴水

❶フランス ベルサイユ ベルサイユ宮殿のエンケドラスの噴水☆
❷チリ サンティアゴ Vina Haras de Pirque（ワイナリー）のお庭の噴水
❸日本 岩手 盛岡市 県営運動公園の噴水
❹チリ パタゴニアの噴水ホテル
❺台湾 台北駅前の噴水
❻ベトナム ハノイ ドンスアン市場内の噴水
❼日本 岩手 盛岡市 県営運動公園の噴水
❽エストニア ラエコヤ広場のTHE kissing Students fountain
❾クロアチア オノフリオ大噴水
❿ベルギー マルクト広場のブラボーの噴水

何度見ても飽きない噴水

❶ペルー リマ レセルバ公園の噴水たち☆
❷スイス ベルン 旧市街の11基の噴水
❸チェコ オロモウツの噴水群
❹アメリカ ラスベガス ベラッジオの噴水ショー
❺アラブ首長国連邦 ドバイ ドバイ・ファウンテン
❻アラブ首長国連邦 ドバイ パーム・ファウンテン
❼マカオ ウィンマカオの噴水ショー
❽フィリピン マニラ リサール公園の噴水ショー
❾インドネシア ジャカルタのモナスの噴水ショー
❿日本 埼玉 北浦和公園の音楽噴水

高級感のある噴水

❶フランス ベルサイユ ベルサイユ宮殿のラトナの噴水☆

❷オーストラリア メルボルン カールトンガーデンの噴水

❸オランダ オランダ広場のビクトリア女王の噴水

❹マレーシア クアラルンプール ショッピングモール「パビリオン」前の噴水

❺カタールドーハの真珠の噴水

❻イタリア ローマ 4つの噴水（クワトロ・フォンターネ）

❼日本 福井 鯖江市 西山公園の噴水

❽オーストリア モーツァルト広場の噴水

❾日本 福井 坂井市 総合グリーンセンターの噴水

❿ハンガリー ジョルナイの噴水

癒される噴水

1. オーストラリア シドニー マクアリー・プレイス・パークの噴水☆
2. アメリカ ハワイ ワイキキ クヒオビーチ パブリックアート「マクア アンド キラ」
3. ロシア サンクトペテルブルク「ペテルゴフ」夏の宮殿のフォンタン・ソルンツェ
4. ニュージーランド オークランド アルバート公園の噴水
5. アイルランド パワーズコート トリトン湖の噴水
6. ブラジル ブラジリアの水雲湖の噴水
7. 日本 長崎 平和公園の平和の泉
8. 日本 茨城県植物公園の噴水
9. 日本 東京 上野公園 大噴水
10. 日本 長野 飯田市中央公園の噴水

私たちは噴水に何を求めているのか

世界六大州からピックアップした63基の噴水をご覧いただきました。

世界には素敵な噴水が数多くあります。また、この頃は公園やイベントスペースなどの空間に新しく噴水ができて注目されることもあります。都市部におけるヒートアイランド現象対策や人々の暑さ対策としてだけではなく、幅広い憩いの場としても多くの人に必要とされているのでしょう。噴水の存在が見直されてきているのを実感します。それは、噴水の効果や魅力を考えれば、自然なことだと思います。

その一方で、噴水の老朽化などで損傷や不具合が生じると、当然のことながら水が噴き出されることはありません。すぐに修理されるのであれば良いのですが、多様な水の動きを実現させている精密な機器の修理は難しく、修理費用などの問題もあって、多くの場合、直るまでに長い時間がかかることも少なくありません。最近は、直されることなく放置されている噴水をたくさん見かけます。

水を噴き出すことができなくなった噴水は本来の役目を果たすことはできません。何よりも残念に思うのは、造形物がひどく汚れて、あられもない姿になっていることです。それはまるで、景観を損なう廃棄物のようです。再び水が噴き出されることが想像できない噴水を見ると、それは噴水ではない別の何かになってい

るように感じます。そのような噴水に出会うと「死んでしまっている」と悲しくなります。たとえ今、水が噴き出されていなくても、すぐにでも水が噴き出されることがイメージできるくらい、綺麗で清潔な状態の噴水を「生きている」噴水というならば、これらは「死んでいる」噴水なのです。

今思えば笑い話ですが、小さい頃、隣で一緒に寝ている父親の寝息が小さかったのでしょう、ドキドキしながら寝ている父親の口もとに手を近づけて、呼吸をしているか確認したことがありました。もし、息をしていなければ「死んでいる」ということですから、ちゃんと息をしているとわかって「あっ、良かった。生きている」と、とても安心したことを覚えています。ただ眠っているだけだったのです。「明日も話せる。遊んでもらえる」とただただ嬉しく思いました。

寝ているのであれば、起きることを楽しみにして待つことができます。しかし、死んでしまっているのであれば、待っていてももう2度と起きることはありません。胸にこみ上げるのは悲しみだけです。

噴水も一緒です。働き過ぎて休みたいときがあります。ときには、体調を崩して寝ていることだってあります。そんなときは、噴水だって休んだらいいし、寝ていたらいいのです。そして元気になったら、きっとまた水の噴き出す美しい姿

を見せてくれるでしょう。私は噴水を人に見立てて向き合うことをおすすめしていますが、せっかく存在している噴水を、決して死なせてはならないのです。

　そこに噴水があることで人々が安らぎを覚えていたとしら、その噴水が魅力を失ったとき、それでも人々は訪れるでしょうか。必要とされなくなった噴水の多くは、メンテナンスもされることなく、朽ち果てた末に撤去されてしまいます。または、花壇や彫刻物など別のものに姿を変えることもあります。

　このように、これまであった既存の噴水がなくなっていく現状では、噴水が皆さんの住む街並みの一つになることなんて夢のまた夢です。

　最近、噴水についていろんな声が聞かれます。たとえば、噴水の維持管理費を考えたら、噴水は必要ないのでは？　という声です。確かに、メンテナンスや修理費用など、噴水があることによって必要経費がかかるのは今も昔も変わることのない事実です。しかし今は、30年前の噴水と比べて比較的小さいものが多くなり、立派な造形物を設置しない噴水が増えています。しかも、修繕技術の進歩などもあって経費はだいぶ抑えられるようになっているのです。

　なかには、噴水よりも別のジャンルのものをつくったほうがいいのでは？　という声もあります。噴水の代わりに別のジャンルのものをつくったほうがいいかどうかは、噴水を対象におかず、別のジャンルのものをつくることと、噴水をつくることとを別次元の話として分けて考えることが必要だと思います。

　こういう話を聞くと、「そういう世の中になったのか～」と残念な気持ちになります。

　噴水は、これまでも必要とされてきました。そして、これからも必要とされるものです。そう考えると、噴水は「なくていいもの」という議論ではなく、噴水を「どう使っていくか」という議論が必要なのだと思わずにはいられません。

　噴水は、ただ単に水と造形物を組み合せただけのものではありません。PartⅠでご紹介した噴水をご覧になると、たとえ形状が似ている噴水でも、設置されている環境が違うとまったく別の噴水になることが分かるでしょう。私たち人間一人ひとりが唯一無二の存在であるように、噴水もまた固有の存在性を備えているのです。それを知るために、ぜひPartⅡをお読みください。

Part Ⅱ

もっと噴水のことを
知りたいあなたに！

㈠噴水の効果について

噴水による癒しの効果

　噴水は、一般的に公園や広場などで見かける水を噴き出す「仕掛け」の意味合いが強いのですが、水飲み場などの蛇口から出る天然の水の意味も含んでいます。

　世界一噴水の数が多いとされるイタリアのローマには大小5000以上の噴水がありますが、水飲み場としての噴水もあちらこちらにあります。

　噴水の歴史はとても古く、「文明の発祥地」ともいわれる紀元前3000年頃のメソポタミア文明の遺跡から噴水らしきものが発見されているという話があります。当然、機械的なエネルギーのない時代ですから、水を水面の高さよりも高い所へ引き上げてから低い所へ落とすなど、落差を利用して水を噴き出させる構造が主流でした。

　最近では、モーターなどの動力とポンプを使って噴き出されるものが目立っています。また、装置の技術進歩によって、ただ単に水を噴き上げるだけではなく、方向や強弱を変えることが可能になると、室内装飾用の小さなものから、イルミネーションショーなどで見られる大きなものまで、様々な水の形状が人々を楽しませるようになりました。

　ただし、噴水の魅力は噴き出される水だけではありません。水を噴き出す造形物があるからこそ、存在する意味や意義が生まれてきます。どんなに水が美しく噴き出されていても、造形物の姿がなければ魅力は半減します。一方、造形物だけなら噴水とはいえません。つまり、噴水の本質は「人工物（造形物）」と「自然（水）」との融合と調和にあります。だからこそ、私たちは噴水に魅了され、癒されるのです。それは、決して偶然ではなく、必然的なことなのでしょう。

　噴水には、多くの場合、造形物の大きさと形状が軸としてあります。それを取り巻くように、噴き出される水の量と高さや広がりなどが全体をかたどっています。

　そして、これらをベースとして、水の色と水音が醸し出す雰囲気、水質とそこに漂う空気が結びつき、その噴水ならではの効果を発揮しています。

　それは、私たちが直接的、積極的なかかわりをしたかどうかに関係なく、ときに体を冷やし、ときに視界を明るくし、心を包み、音を遮断するなど、半ば無意識にその効果を私たちに深く味わわせています。是非、癒しの効果を目から、耳から、そして、体全体で受けとってください。

　ここで、噴水の癒し効果を14に分類して紹介したいと思います。

☆ひらめき効果

たとえば、たくさんの情報を集めて、繰り返し考えごとをしている時期に、海に沈む夕日などの景色をのんびりと見ていたら、突然、「あっ」という声を上げてしまうほどの素晴らしい考えが瞬間的に思い浮かぶことってありませんか？ それが「ひらめき」です。

はっきりとした問題であれば、深く考えるなかで答えやヒントが見つかることも多いものですが、新しいものを自分の考えや技術でつくり出すことはとても大変です。

早く物事を前に進めたいのに、どんなに力を入れて考えても、答えやヒントがどこからか降ってくることはありません。通常、「ひらめき」という体験には、それが曖昧な問題であればあるほど、多くの情報が必要です。それは、そのなかからヒントや答えとつながるものを見つけられることが多いからです。

しかし、情報があったとしても簡単ではありません。もちろん、問題の難易度もありますが、何よりも難しくさせているのは、その人の向き合い方です。「ひらめき」体験をするには、たくさんの情報を自分自身に浸透させるために、あえて考えることをしない「長い無の時間」をつくることが必要です。

たとえば、海外旅行で現地到着後、もしくは帰国後に時差ボケになると、いつも考えていたことが考えられなくなることがあります。そんなとき、考えなきゃと思っていたことがわきに置かれてしばらく経つと、「ふとひらいめいた！」ということがあります。そのように、何かの発想が脳裏に浮かぶまでには数時間かかります。時差ボケが取れるよりもっと時間がかかることもあります。「ひらめき」が生じるには時間がかかるのです。

大切なのは、慌てないこと。噴水は、噴水以外の一切の外界からの情報を遮断し、無の時間を過ごさせてくれます。ベンチに座って何気なく噴水を「ぼ～っと」眺めていてください。きっと、いま何をしているのかということを忘れているうちに「突然のひらめき」が生じることでしょう。それは間違いなく感動の瞬間です。

☆存在認知効果

たとえば、人に親切にして「ありがとう」と言われたとき、大切な人から「愛してる」と言われたとき、私たちは自分の存在の意味や意義を感じます。

しかし、人間関係が希薄になった現在では、自分を肯定してくれるような言葉を聞かれることが少なくなりました。言われたとしても、面と向かって言われた

ものでなければ、心の奥には届きづらいもの。相手に都合の良いように何でも肯定してあげるという風潮から、耳障りの良い言葉が聞かれることもありますが、気分が良いのは今このときだけ。誰かの心とつながったと心から感じることができなければ、本当の意味で自分自身に「何らかの価値」を見出すことはできません。それでは、「今ここにいる自分」というものを実感することはできないでしょう。

　私たちは「誰か」に自分が必要とされているという手ごたえを常に求めています。私たちが感じる「存在認知」の多くは関係性がつくります。それは、何の条件も無しに人が人に与えるもの。そこで、心と心が結びついたという実感がもてるかどうかが大事なのです。相手は必ずしも人、つまり「誰か」である必要はありません。「何か」でも構わないのです。必要なのは「あなたはそこにいることをわかっているよ」と伝えられること。噴水もその一つです。

　私は、何をしても上手くいかないと、「自分が何者なのか」「自分は今ここにいるのか」わからなくなることがありました。そんなときは誰に話をしても、心が満たされることはありません。

　丁度その頃のことです。出張先に向かうために通り抜けようと足を踏み入れた公園の中に、まるでアサガオの花が「ぱぁ～」と綺麗に咲いたような形状をした小さな噴水を見かけました。思わずベンチに腰掛け、ただ眺めていると、これま

でずっと頭の中の自分と対話していたのに、いつの間にか噴水に向かって話しかけている自分に気づきました。

　噴水が私の話に応えてくれていたのでしょう。もちろん、何かの言葉を発したわけではありません。ただ、私がそう感じただけ。でもそれは間違いなく、私と噴水がつながった瞬間でした。噴き出される水の音に外界の音が全て遮断されたこの場所で、「自分がここにいる」ことを感じられたのです。気がつくと日は落ち、近くの時計台の鐘が6回鳴りました。

　噴水は無条件に人を受け入れてくれます。言い換えれば、私たちが「思うようにある」もしくは「願うようにある」ものなのです。それは、私たちに存在の意味や意義を与えてくれるというより、「自分がこう思えば、そのように感じさせてくれる」「自分がここにいると感じさせてくれる」。そのような感触を噴水は提供してくれているのです。

☆ゆとり効果

　小さい頃は、ゆっくりと時間が過ぎさり、1日がとても長く感じていませんでしたか？　そして、その状態はずっと続くのだろうと思っていたことでしょう。

　しかし、大人になった今はまったく逆で、時間の経過をとても早く感じていませんか？　今の世の中の流れはとても早く、朝から晩まで何かに追われているようです。時間の流れに忙殺されてしまうと、自分自身も流されていってしまいます。1日はまるで走馬灯のように過ぎ、

気を抜くと、すぐに1年が終わってしまいます。そこにあるのは「無」。何もなければ、時を感じることも、限られた時間を大切にすることもできません。

必要なのは、日々の時間の使い方を誤らないこと。流れていってしまいそうになる自分をしっかりとつかまえるための「時間の余裕」をもつことが大切です。それは、「何もしない」時間をつくるということではなく、「何かをする」ことで、時間の経過を遅く感じるということです。

噴水の多くは、ぱっと見た印象は同じでも、見え方はいつも同じではありません。水の色や造形物の色自体は変わらなくても、そのときの光の量や質に応じて、見え方自体が刻々と変化します。そもそも、噴き出される水に一瞬たりとも同じ姿はありませんから、移り変わる姿には常に新しい発見があります。そのように初めて見いだすことが多ければ多いほど、時間を長く感じるもの。つまり、噴水を眺めている1分は、意識しないで過ごす1分よりも格段にゆっくりと流れているのです。

静かに体の動きをとめて、ベンチにゆったりと腰を落ちつけて、噴水に視線を注げば、せかせかしている自分にも気づかせてくれるでしょう。

☆くすぐる効果

私たちは、すでに経験したことのあるものや想像範囲内のものに出会っても、「あまり心に残らない」「まったく心に響かなかった」ということがあります。それは無意識に、得るものがないと感じているからなのかもしれません。

しかし、これまでに見たことのない素晴らしい景色に出会うと感動することって多くありませんか? これは、「以前とは異なる印象が、見る人に影響を及ぼす」効果といえます。それは、初めての体験ということもありますが、想像を超えたものであることも理由の一つとしてあげられるでしょう。

何よりも、景色そのものに私たちの心を刺激して良い気持ちにさせるといった「くすぐる効果」があるからです。実は、その効果が大きければ大きいほど、人は感動するのです。そして、その感動をいつまでも心に留めておきたいと思います。だからこそ、かけがえのないつながりを常に感じることができるのです。

なかでも噴水は「くすぐる効果」が大きな存在です。もちろん、噴水の何にくすぐられるかは人によって違います。噴水を見る距離や角度、天気などによっても違ってきます。いずれにしても、噴水はくすぐる要素をたくさんもっているのです。

たとえば、同じ景色でも太陽をバックにして見たらとても神秘的に見えることがあります。あるいは、遠くから見たら優しく感じられても、近くから見たら厳しさを感じられるということもあるでしょう。上から見たら一枚の絵のように見えるけど、下から見たら迫力ある造形物が覆いかぶさってくるかのように見えることだってあります。ときには、1分前

は日が出ていたけど、今は日が陰ってしまったことで、先程とは異なる雰囲気を感じることもあるのです。

　噴水もそうです。噴水の見方によって１つの噴水の中に、「くすぐる」ポイントがいくつも存在しています。それが噴水の大きな特徴といえます。

　そもそも、噴き出され続ける水に同じ姿はありません。造形物の姿は変わらないとしても、刻々と移り変わる水の形状は、まるで着ている衣服を他の衣服に着替えているかのように、連続的に姿を変えていきます。その瞬間、瞬間に現われる姿が、見る人の心をくすぐっているのです。

☆気持ちを満たす効果

　噴き出される水の水量や形状などを通して噴水から受けとる情報を自分の気分に合わせて変えることで、乱れがちな気持ちを満たしてあげることができます。

　たとえば、気持ちが沈んでいるときは、静かに噴き出される少量の水が慰めてくれているように感じることもあるでしょう。大量に噴き出される水なら「元気を出せ」と励ましてくれているように思うかもしれません。

☆優しい気持ちになる効果

　仕事への行き帰りで見かける噴水、散歩でよく行く公園で見かける噴水などを、何度も何度も見たり、水音を聞いたり、直接に水に触れたりしていると、自然と優しい気持ちになります。

☆美的知性を磨く効果

　噴水の造形物や噴き出される水の形状には、左右対称などバランスのとれたものが数多くあります。私たちはそれらに触れることで、美しさを見つけることができます。

☆自分だけのものと感じる効果

　好きな噴水、自分に合った噴水などに出会うことができると、「自分だけのもの」として存在してくれているという心理が作用し、ときには他人に自慢したくなる存在になるものです。まるでその噴水が自分を一途に思ってくれているようにさえ感じられるのです。

　そもそも、噴水は人間のように誰にでもわかるように言葉を発してくれるわけではありません。あなただけに語りかけてくる声は、あなたにしかわからないのです。だから、たとえそれが曖昧なものであったとしても、それは誰にでも当てはまるものではなく、自分のためのものだと思えるのです。

☆親近感を感じる効果

　噴水とあなたという関係は、ある種のプライベートなかかわりという意味合いをもっているので、好感を持てばもつほど、噴水との心理的な距離が近くなったように思えてきます。

　いつも、あの場所にある噴水のところで食事をしたり、ひと休みしたりするのは、そういった効果を無意識に感じているからでしょう。

特に女性は「親しい」と実感する傾向が高いですが、その噴水と接していると心を許せる雰囲気に包まれるようになります。ただ眺めているだけではなく、噴き出される水に触れたり、飛び散る飛沫を体で感じたりできればもっと親近感が大きくなるでしょう。

☆食事の満足度を高める効果

フランスのパリにあるチュイルリー庭園の大きな噴水の周りにはたくさんの椅子が置かれています。朝の早い時間から夕方遅くまで、噴水を眺める人が途絶えません。体を休める人や談笑する人、本や新聞を読む人、そして、寝ている人など、いつもいっぱいです。席が空いたと思った矢先に待っていた人が座ってしまうほどです。

素敵な噴水であればあるほど、周囲のベンチに座る人は後をたちませんが、なかには、昼食や軽食をとる際に利用する人も数多くいます。

食事は室内でとることが多いでしょうが、ときには噴水を眺めながら食事をとると、普段とは違う感覚になります。そのほうが少しだけ素の自分をさらけ出して解放感を味わえるからかもしれません。

美味しいものを食べたり飲んだりすることは、それだけでも十分楽しい気分にしてくれますが、噴水を眺めながらの食事はさらに満足度を高めてくれますし、英気も養ってくれます。たとえ一人の食事でも寂しい気持ちにならないでしょう。生き生きとした噴水と向き合っていると

自分は一人じゃないと思えるからです。

近くにある馴染みの噴水のベンチでも美味しく食事をいただけますが、自分の好きな噴水のある場所で食べると、もっと美味しく食べられるかもしれません。

☆自分の居場所を感じる効果

私たち一人ひとりに他の人と異なる気持ちや考えがあるように、噴水にもそれぞれ違うものを感じとることができます。

たとえば、気持ちを表に出すのは苦手だけど、考え方はいつも前向きだという人が、静かに水が噴き出されていて、造形が現代的な噴水を見ていたら、自分と似たものを感じて、まるでそこにもう一人の自分がいるかのように思うかもしれません。

そのようにつまり、自分の気持ちや考えを噴水に反映することができると、そこに安心感のある居場所が生まれます。

☆気持ちを動かす効果

嫌いな人に言われる言葉は、たとえ良いものであっても胸には響かないことが多いものです。しかし、好きな人から言われる言葉は、良い悪いに関係なく胸に飛びこんでくるものです。自然と何かの役に立てようと思うこともあるでしょう。それは対象が噴水であっても同じです。

たとえば、どうしても物事が上手くはかどらず悩んでいたある夏の暑い日、私は好きな噴水を近くで眺めていたことがあります。激しく噴き出される水の迫力と飛沫を心と体に受けていると、まるで

自分が叱咤激励されているように感じたのです。もっと努力しなければと思いました。もしも嫌いな噴水だとしたら、まさに冷や水を浴びせられたような気持ちになってしまい、憤慨してしまうでしょう。

つまり、好きな噴水から褒められたり期待されたりしているように感じることは、もっと頑張ろうという意欲を湧かせてくれるのです。気持ちを動かすのは、いつの時代も大好きな人、大好きな存在ですね。

☆守られていると感じる効果

噴水の見方はさまざまです。ベンチに座って眺める人もいれば、歩きながら眺める人、噴き出される水に手を伸ばしたら触れてしまうような距離で眺める人もいます。たとえ何処で眺めても、今のあなたに合った噴水であれば、心地良い気分にさせてくれるでしょう。

なかには、噴水を見ていると「まるで守られているかのようだ」と感じる人もいます。一方では「そんなこと感じたことがない」とか、そもそも、噴水を眺めることで「守られていると感じる感覚がわからない」と思う人もいます。

しかし、誰かに守られているなんて感じることなどなく、自分のことは自分で守るしかないと思ってしまう世知辛い世の中で、自分にとって必要であれば、「誰かに守られている」と感じたいと思っている人も多くいることでしょう。

たとえば、人間関係において親しい関係を築きたいのに、なかなか距離を縮められないということがあります。しかし、好意をもっているなら、または相手に心を許しているのであれば、勇気をもって近寄ることが必要です。警戒心や過剰な遠慮などで遠ざかっていては、良い関係が生まれることはないからです。

噴水も同じです。噴水をもっと自分の身近な存在として近寄ることです。心の距離は物理的な距離に比例するといわれます。噴水は人と違って今あるその場所から動くことはありませんから、まずは積極的に近寄ってみましょう。噴水の存在を強く感じられるくらい、視界の全てを噴水の姿でいっぱいにして、その息吹を感じられたならば、今までとは違った感覚を受けとるはずです。もちろん、噴水との距離感は人によって違います。自分に合った程良い距離感をぜひ見つけてください。

☆喜ばせる効果

噴水はあなたのためにあります。そう思ったらいい。楽しくさせてほしい、心を癒してほしい、苦しみを和らげてほしい、喜ばせてほしいなど。あなたがそう思えば、まるで噴水があなたの望みを叶えてくれているように感じられます。「目の前にあるのはあくまで噴水だ」とわかっていても、あなたの思いを反映してくれるのです。

もちろん、楽しくさせてほしいと思っても、噴き出される水の量が少ない噴水では、楽しく感じられないかもしれませ

ん。あるいは、苦しみを和らげてほしいと思っても、噴き出される水の量が多すぎたり、きらびやかな造形物だったりしたら、気持ちが穏やかになることは難しいでしょう。ですから、気持ちを高めたいなら、噴き出される水の水量が多い噴水がいいですし、心を落ち着かせたいのであれば、水量の少ないシンプルな造形物の噴水がいいでしょう。まずは、自分の思いを反映していると感じられる噴水を見つけることが必要です。

ただし、気をつけてほしいのですが、どの噴水であっても「あなたがどのように見て、どう感じようとしたか」が何よりも重要であることを忘れてはいけません。

噴水は数えきれない顔をもっています。喜ばせてくれていると信じて向かい合えば、水が、そして造形物が自分を喜ばせてくれているように思えるものです。

私が出会った噴水の一つですが、造形物のつくりはとてもシンプルで、噴き出される水はほとんど勢いがありません。

楽しませてほしくても、気分を高揚させるような要素が何一つありませんでした。それでも、その噴水と楽しみたいという思いを胸に向かい合っていると、不思議と心の奥にあった感情を呼び起こしてくれたのです。もちろん、同じ噴水でも別の人に同様の感情が呼び起こされるとは限りませんが、噴水を信じて向き合うことが大切だなと思いました。

簡単に言えば、これは「信じるものは救われる効果」といえるでしょう。

ちなみに、まるで噴水のように下の階から上の階へとお客の流れをつくって売上を伸ばすことを「噴水効果」といいます。噴水そのものとは直接関係ありませんが、デパートなどの地下や一階のショッピングモール内でイベントを行なって人を集め、上の階にまで人の流れをつくる様子が噴水を想像させるので、このような呼び方をするのだと思います。なかには、実際に噴水を設置している場合もあります。まさに噴水効果ですね。

【コラム】心のうちにあるさまざまな幸せに気づかせてくれる

第一弾の『生きづらい自分がスーッと楽になるこころのゆるめかた』でもお話ししましたが、今、都市部の気温が周辺地域の気温より高いというヒートアイランド現象が問題になっています。噴水の周りは気温が低いことから、熱を抑える効果としても注目されています。また、噴水には私たちに働きかける刺激があって、その刺激は心と体を癒してくれる効果もあります。

そもそも、癒しというものは、そこに「癒すもの」が存在するだけでは、その効果は発揮されません。また、ある人は癒されても、別の人が癒されるとはかぎりません。それは、人によって視覚や聴覚、身体感覚などによって何に共鳴する

かは異なるからです。水のある美しい風景に目を奪われることもあるでしょう。水の音に心を委ねることもあるでしょう。水の冷たさや匂いに包まれることもあると思います。その意味では、噴水にはより多くの癒しを与える要素が備わっているといえます。ですから、噴水はより多くの人を喜ばせて癒す働きがあるのでしょう。

　ぜひ噴水に出会ったら、「あっ、綺麗！」「あっ、美しい！」だけで済ませずに、積極的に噴水の存在を全身で感じてみてください。何より噴水は、「私たちの心のうちにあるさまざまな幸せに気づかせて、育んでくれるもの」なのです。

噴き出される水の種類別効果

　噴水は、噴き出される水にもいろいろな種類がありますから、その一つひとつが異なる効果をもたらしていることを知っておくといいでしょう。

☆流水系

　噴き出される水が流水系ならば、造形物を伝うように流れる様子がとても優しく、水音も柔らかく感じられるため、心が落ち着きます。のんびりと、ゆったりとした時間を楽しませてくれるでしょう。

☆落水系

　落水系は、小さな粒が大きな粒に追随するように落ちます。その姿はまるで雨粒のようで、どことなくはかない美しさを感じずにはいられません。地べたを叩く音は不揃いだけれども、心地良い自然の音色で、聞いていて酔いしれます。

☆噴き上がり系

　空気に酔いしれたいなら、一般的な噴き上がり系の噴水がおすすめです。この噴水は、噴き出される水がその場の空気を巻きこんで、独特な匂いに懐かしさがこみ上がってきます。噴き出される水の形状は、他と比べて華やかなものが多く、あちらこちらと揺れ動く姿に心を奪われてしまうでしょう。

　水と水とがぶつかり合う音、造形物や地べたにぶつかる水の音は激しく強いものですが、それは決して不快なものではありません。周囲の雑音や騒音を消してくれるため、自分にとって必要な音だけに耳を傾けることのできる瞬間は、時を忘れ、疲れも忘れさせてくれます。

☆霧状系

　霧状系の多くは水音が小さいものなので、ある種、静寂の世界に身を置いている気分になります。噴き出される霧状の水が広がれば広がるほど、幻想的な風景に心がそそられるでしょう。

☆飛び跳ね系

　飛び跳ね系は、何よりも「ピョンピョ

ン」と跳ねる姿を見ているだけでワクワクします。着地するたびに聞こえる「パチャッ」という水音はとてもお茶目で、思わず笑顔もこぼれます。子どもから大人まで幅広く愛される水の形状なので、家族全員で見られたら、きっとみんなを幸せな気分にさせてくれるでしょう。

☆湧水系

　湧水系は、「プクプク」と水が湧き出す様子がまるで呼吸をしているようです。次から次へと湧いてはゆったりと滑らかに流れる姿は穏やかで、神秘的な魅力に満ちています。思わず目を見張り、じっと佇んでしまいます。

☆放水系

　放水系は、消防車からのびるホースの筒先から勢いよく水が噴き出される様子を思い浮かべてみてください。高く、ときには長く噴き出される水は豪快で、誰もが圧倒されてしまいます。他の音と交わることのない芯のある水音が、怒涛のような響きとなって耳に伝わり、気分を高揚させるでしょう。ちなみに、お庭でホースから水をまいているときなどに経験したこともあると思いますが、光の当たり方などによって、運が良ければ放水にかかる虹を楽しむこともできますよ。

☆散水系

　散水系と聞いたら、何をイメージしますか？ スプリンクラーをイメージする人も多いでしょう。最近のスプリンクラーはただ回りながら水を噴き出すだけでなく、時折、水の噴き出される距離を延ばしたり、水量を増やしたり、部分的に散水することができるのを知っていますか？

　満遍なくただひたすら水を噴き出す様子は、噴き出される水の周りを駆け回った子ども時代を思い出させ、見ていてとても楽しい気分になります。

【コラム】噴水の周囲の環境も大切

　大きな公園でも噴水を見かけることはたいへん少なくなりましたが、スプリンクラーが作動しているところを見かけることは今も昔も変わりありません。イギリスのロンドンにある巨大な公園ハイドパークの豊かな緑の中を散歩しているときにも、スプリンクラーによる作業を見かけました。適宜適量の見事な散水を眺めていると、噴水がまるでそこにあるかのような錯覚を覚えました。

もちろん、緑の保全や夏の冷却のためなどに利用されていることはわかっていますが、集中して見ていると、公園という造形物の中で噴き出される水の姿がよく知る噴水たちと重なり合ったのです。

　スプリンクラー同様、噴水によって散水される水の形状もとてもバランスよく綺麗で、他の水の噴き出し方と比べて際立った美しさがあります。噴き出される水のリズミカルな水音にはきっと心が弾むことでしょう。

　噴水から噴き出される水の種類だけでも実にさまざまです。そして、その水の効果が良いものになるか悪いものになるかは周囲の環境に合っているかどうかでも違ってきます。

　たとえば、華やかな街に似合う大きな噴水が静かな街にあったらどうでしょうか。それでは街の雰囲気を壊してしまうでしょう。

　それは、噴水は私たちにとって物質的な存在というだけではないからです。噴水の中には、私たちの心と体に大きな影響を与える情報が数多く存在しています。それを活かせるか否かは噴水がある環境によっても違ってくるのです。どんな噴水なのかだけでなく、どんな環境にある噴水なのかも考えて、あなたにとって居心地の良い噴水を探してみてください。あなたはどのような噴水に会いたいですか？

擬人化して見ると効果が倍増

　噴水の歴史をたどると、古くは水なき土地で、常に水を高く噴き上げることにより王の権力を誇示していたといわれます。今もヨーロッパなどに多く残る巨大できらびやかな噴水を見ていると、まるで王自身がそこにいるように感じずにいられません。

　それは、噴水には水を噴き出す造形物としてだけではなく、人間ならではの性質や性格が「擬人化」して表われる性質があるからでしょう。

　噴き出される水の大きさや動きが、私たちに向かってうなずいたり、手を振ったりしているように見えることがあります。ときには、笑ってくれているように感じることだってあります。そこにまるで人がいるかのようです。

　噴水から噴き出される水の水量や形状、造形物の大きさや容姿などに感情や思考、心と体といった人を感じることができるからなのでしょう。つまり、噴水＝人という新たな視点をもって噴水と向き合うと、さらに噴水を深く味わうことができるのです。

☆噴水の水と造形物のバランスはヒトに似ている

　噴き出される水量が多ければ男性的な

たくましさを感じますし、少なければ女性的な繊細さが感じられます。あるいは、水の色がカラフルに彩られていると、素敵な服や装飾品を身にまとっている紳士淑女のように見えるかもしれません。

水の噴き出される大きさや動きには、私たちがおかれた状況において、「我慢したり、我慢できなかったり」「自分を見せたり、抑えたり」するといった人間的な一面、その人ならではの気性や気質が見え隠れします。同じく、造形物の大きさや姿かたちなどにも、人の表情から感じられるような意思や想い、考え方が表われているようです。そこに水音が伴えば、まるで言葉を話しているように聴こえてきます。

また、年月が経っている噴水の造形物には年齢的なものを感じることでしょう。その保存状態からは、どのような生き方をしてきたのかという人生みたいなものを垣間みることができます。

たとえば、ルーマニアのブカレストでは血友病の啓発のために、スペインのオビエドでは献血への意識を高めるために噴水の水を赤く色付けして血に見立てています。まるで体の中を流れる血のようです。血は、血気盛ん、血湧き肉躍るなどの言葉にも使われますが、まさしく、血に見立てられた水は人間の特徴の一つであり、「感情」を表しているかのようです。実際に赤い噴水は「血の噴水」とも呼ばれていて、「気持ちが悪い」「怖い」「生々しい」などという声もあるようですが、血に見立てられた噴水の水は本当に

命が宿っているようです。滅多にお目にかかることはできないので、見ることができた人は本当はとてもラッキーなのです。

ちなみに、水と一対といえる造形物の大きさや姿かたち、動きや雰囲気などには、人それぞれに異なる身体的特徴や身体的行動が感じられます。そこには、柔軟さや頑固さといった人間のもう一つの特徴である「思考」が表されているようです。

私が世界中の数多くの噴水を見てきて思うのは、人間の体は血液を含む約60%を水分が占めていますが、噴水の場合も、造形物と水量や形状との比率が10対6のとき、見え方のバランスがいちばん良く、美しく見えると感じています。こうしたことも、噴水が人のように思える理由なのです。

人を見るようにして、しっかり噴水を見てみましょう。

☆噴水はまるで大切な人のように、私たちの「何か」を埋めてくれる

たとえば、造形物の見た目が大きくて華やかだけど、噴き出される水が極端に少ない噴水を見ますと、仕事はしっかりこなすけど、本心をあまり明かすことのない寡黙な人が思い浮かびます。

反対に造形物はとてもシンプルだけど、噴き出される水の量が不釣り合いなくらいに多い噴水を見ますと、見た目は冷静沈着な印象を受けるものの、実際はたいへん温かくて愛情深い人が思い浮かびま

す。

　また、造形物に特徴的な動きや造形美があり、周囲から噴き出される水がそれらを引き立たせているような噴水を見ますと、カリスマ性のある魅力的な人が思い浮かびます。

　噴水の噴き出される水と造形物のバランスやデザインはさまざまで、そこに周囲の背景を加えるとますます個性的に見えます。それは、同じ噴水は一つとしてないということです。噴水をそのように見ていくと、一つひとつの噴水が、唯一無二の人のように見えてきます。

　この噴水は「今の自分のようだ」「あのときの自分のようだ」「あの人に似ている」「こんな人のようだ」と、「何か」ではなく「誰か」であるという視点で、親近感をもって寄り添ってみてください。

　私は人が本当に心から癒されるものは、そこに人のような存在性を感じさせるからだと思っています。噴水はまさしくそうした存在なのです。もちろん、ただそこにあるだけでも、私たちの心と体を癒してくれます。しかし、「誰か」であるという視点で噴水と向き合えば、噴水はきっと私たちの必要としている「何か」を埋めてくれることでしょう。そして、私たちに幸せや感動を届けてくれるはずです。

☆ありのままの噴水を深く味わう

　今世界中で、大噴水や光や音などを利用したイルミネーションによる噴水ショーが流行っています。水の華やかさに光

と色彩の美しさ、噴き出される水の高さや大きさ、動きなどで訪れる人々を魅了しています。

　光や音を使わない噴水が「素」のままの人だとすれば、光や音のある噴水は、化粧をして、華やかな服で着飾って街を歩いている人のようです。高々と噴き上がる噴水は、目一杯、自分を目立たそうとしている人のように見えます。

　人が化粧して着飾れば華やかに見えるように、噴水もまた光や音をまとえば、きらびやかで美しいものです。人が自分の意見や考えを強く主張すれば迫力を感じるように、高く大きな噴水もまた圧倒的な存在感を感じさせます。こうした噴水も魅力的で、私は噴水のショーも大好きです。

　ただし、最近では過剰な演出のものも多く、「背伸びをしている」とか「無理をしている」ような印象をもつものも少なくありません。以前、このような話を聞いたことがあります。「噴水は、自由自在に水を踊らせ、彩り豊かな光と、賑やかな音楽といった、コンピューター制御による演出がないと、子どもでもそっぽを向いてしまうでしょう」と。こういう噴

水との向き合い方はとても残念に思いました。日本人の感覚、いえ、噴水に対する私の感覚とはどこか違うからです。

　そもそも、噴水は水と造形物によるもの。そこまで華やかにする必要があるのでしょうか。やり過ぎてしまうと、噴水を見せるショーではなくなってしまうように感じます。

　特に南アジアでは多くの色を使った「虹色の噴水ショー」と呼ばれるものを数多く見かけますが、ただの光のショーにしか見えないものも少なくないのです。水や造形物を活かす光であれば感動もするでしょうが、水や造形物がそこにあってもなくても構わないようなただの光のショーならば、噴水目当ての人はそのショーに興味をもつことはないでしょう。

　なぜならば、噴水の持ち味を活かしていないからです。人も噴水も持ち味を奪ってはいけません。

　噴水を人にたとえるなら、厚化粧がいけないのではありません。派手なのがいけないのでもありません。その人らしさを奪ってはいけないということです。

　その人らしさを失った人を見て皆さんはどんな気分になりますか。噴水は、ただそこにあるだけでも私たちを癒してくれます。人のように見立てるなら尚更でしょう。水や造形物を活かすことなく殺してしまうショーであれば未来はないのです。

　ちなみに、噴水の水を美しく見せようと思うなら、シンプルではありますが、白色の光が一番引き立たせます。実際、

欧米で人気のある噴水は白色を基調にしたものが多く、見る人を飽きさせることはありません。きっとこれからも見る人を魅了し続けていくことでしょう。

　私が言いたいのは、光やカラフルな色を使ってはいけないということではありません。噴水は夜見るものではなく、昼間見なければ意味がないということでもありません。光や色に頼り過ぎると、噴水の造形物を闇夜に消し、水の美しさを見せられなくなるということです。

　音や光で着飾ることのない「素」の噴水には、何かに生かされているのではなく、自ら生きているという生命が感じられます。それは、噴水のあるべき姿、人のあるべき自然の姿を見せているようです。ですから、まずは「素」の噴水の魅力を知ってください。その上で、さまざまな噴水の可能性を感じてください。たかが噴水と思わずに、深く味わいましょう。

心を癒す「噴水セラピー」

☆噴水を人に見立てて向き合う

　噴水を人に見立てて向き合ってみてくださいとお話してきました。もちろん、噴水には人が発するような言葉はありませんが、ときには誰かの話し声のように聞こえたり、ときには誰かのひとり言のように聞こえたりすることがあります。直接私たちに語りかけているように感じられることもあるでしょう。

そのように噴水と向き合っていると、水を噴き出す装置という認識が消えていきます。また、ヒートアイランド現象の緩和や池や湖の水質改善のための装置とか景観を盛り立てる装置といった認識から離れて、私たちにメッセージを送ってくれる人のような存在に変わっていきます。

噴水から受けとるメッセージの内容は人それぞれです。それは言葉として私たちの耳に聞こえてくるものではありませんが、私たちが頭の中で思っていることや信じていること、胸の奥にしまっておいた尊敬できる人や大切な人から聞いた言葉などが、まるで誰かが喋っているように伝わってくるのです。それは、あなたにしかわからない、あなたに必要な言葉でしょう。

このように噴水を人に見立て、声なき声に、言葉なき言葉に耳を傾けようとすることは、悩みや問題などへの心理的ケアとしても利用できます。それが「噴水セラピー」です。

たとえば、今行なっていることが上手くいくかどうか心配になっているとき、大きな造形物から静かに水を噴き出す噴水に出会ったとします。それはまるで、父親の背中を連想させるような立派な噴水です。それを見て、父親がそばで見守ってくれているかのように感じられたら、「お前なら大丈夫だ！」という励ましの声があなたには聞こえるかもしれません。

また、忙しくて体調が思わしくないとき、柔らかな造形物から優しく水を噴き出す噴水に出会ったとします。それはまるで、常に気にかけてくれる母親を連想させるような噴水です。それを見て母親がそばで心配してくれているかのように感じられたら、「体を大事にしなさいね」という思いやりのある言葉があなたには聞こえるかもしれません。

このように、噴水を人に見立てて向き合うと、今の自分に必要な癒しやメッセージを受け取ることができるのです。

☆噴水から必要なメッセージが聞こえる

噴水セラピーでは、噴水の知識も必要ですが、何よりも噴水の存在への信頼と、「噴水は人」という視点が大切です。今の自分にぴったり合った噴水に出会えれば、さまざまな悩みや問題、自分が置かれた状況に対して、望ましい結果をもたらしてくれることが少なくないのです。

言葉をもたない噴水から、あなたにしか聞こえない声を聞いたり、思いや気持ちを感じたりしたいと思いませんか？

約40年にもわたって噴水に興味、関心をもって注目していると、噴水から噴き出されている水の輝きを、建物と建物の僅かな隙間や、何があるのかわからないくらい遠い所であっても見つけることがあります。特に水の音には敏感で、街の喧騒の中であっても噴水の心地よい水の音を耳が拾います。これまで世界中を旅してきましたが、たまたま通りかかった思いがけない場所でも噴水の水の音に気づいて噴水を見つけることが少なくありません。

オーストラリアのシドニーで見かけた噴水もその一つです。シドニーには有名な噴水がいくつもありますが、その一つであるアーチボルトという噴水のあるハイドパーク辺りから、オイスターを食べに行こうとフェリーターミナル方面に向かって20分程歩いていたときのことです。

小さな公園を横切ろうとしたときに、たまたま公園の一角にある噴水の水の音が聞こえました。もちろんそこに噴水があることは知るよしもありません。しかもこの噴水は、公園の端の生い茂った草木の中に姿を隠すようにあったのです。

その形状は楕円形のすり鉢のようで、横幅が1メートルくらい、高さが50センチほどの小さな石の造形物でした。そして、音もほとんど立てることなく少量の一筋の水が噴き出されていました。

その静かな水の出方は自分の気持ちをコントロールして抑えているようで、小さいけれど重厚感のある造形物からは現実的な視点を追求しようとする強い意思が感じられました。まるで、冷静沈着な人が目の前に座っているかのようでした。

丁度この噴水に出会った頃、私は大切な人を亡くして間もないときでした。その人を思い出すたびに亡くなった事実が受け入れられず、「もっと一緒にいたかったのに、どうしてなんだ」といった混乱した思いが気持ちを高ぶらせていました。しかし、見るともなしに噴水を見ていたら、「今までのように会えないのは悲しいけど、私が生きていると思って過ごして」と諭すような口調の声が噴水から聴こえたのです。

そのとき、「そうだ、亡くなったことは事実として受け入れた上で、その人が今も生きているかのように、これまでと同じように生活をしていくことが私には必要なんだ」という思いが芽生えました。高ぶっていた気持ちは落ち着き、辛さを抱えながらも前向きに生きていく決意ができたのを昨日のことのように覚えています。

私たちは、自分自身の経験や知識をもとに、主観的で直感的な判断をして、置かれた状況を乗り越えることが数多くあります。しかし、誰かの言葉に助けられることも少なくありません。噴水から聞こえてくるメッセージは、まさに、誰かの言葉に救われた瞬間でした。

その後も出会うさまざまな噴水から、私が置かれた状況や心境などに応じて必要なメッセージを受けとっています。ときには、現実的な視点から核心をつくように本当のことを言っているように聞こえることがあります。またときには、理想的な視点からの励ましや応援をしてくれるように聞こえてくることもあります。

どちらの声であったとしても、そのときの私にとって必要な声であることは間違いありません。

そしていつも、「ああ、やっぱり噴水は人間と同じように語っている」と感動しているのです。人は人を感じられるものに安心します。噴水を人に見立ててみてください。きっと、私たちの期待や願望に応えてくれて、たくさんの幸せと喜びを与えてくれる存在であることに気づくことでしょう。

☆「思考」「感情」の両面から人を感じる

何度も述べてきましたように、噴水セラピーの効果を得るには、何よりも噴水から人を感じなくてはなりません。その際、大切な要素が人間のもっとも人間らしい部分である「感情」と「思考」です。

その人が今どんな気持ちでどんな考えをしているのかをわかっているのといないとでは、人間関係はかなり違ってきます。その人と良い関係を築きたいのであれば、「感情」と「思考」を知っておくことが必要です。

噴水セラピーの場合も同じです。噴水を人に見立てて、その「感情」と「思考」をどう理解できるかで決まるといっても過言ではありません。

ところで、誰にでも自分の好きな人はどんな性格で、嫌いな性格はどんな性格なのか、大体の傾向があると思います。

好きな人は「気持ちを抑えられて、物事を深く考えられる人」とか、嫌いな人は「いつも気分が高揚していて、何も考えずに行動してしまう人」というのもあるでしょう。

このように、自分がどのような人を好きで、どのような人が嫌いかを知ることで、自分がどんな人であるかも見えてきます。

噴水も同様です。人によって合う噴水と合わない噴水は異なります。また、そのときの気分や体調で合う噴水と合わない噴水が変わることもあります。ですから、噴水セラピーの効果をより多く得るには、今の自分に合った噴水でなければいけないということなのです。それを見極めるためにも、噴水から「感情」と「思考」を感じとることが必要です。

☆噴水の「感情」を読み取る

「感情」を読みとりたいなら、噴き出される水に注目しましょう。水量や形状に何か気持ちを感じることができるかどうか確認します。

たとえば、水量が多ければ、そこに溢れる情熱や温もりといったものの大きさが感じられたり、水の形状が大きなものや華やかなものであれば、喜怒哀楽が素直に出されているように感じられたりするでしょう。

このような噴水は感情表現度の高い噴水です。スピーチする機会などで熱弁をふるうような、人一倍熱い熱量をもっている人に合う積極性のある噴水です。また、元気が出なくて、励まし奮い立たせてほしいと思っているような人にも合っている噴水です。

逆に、水量が少なければ気持ちの落ち着きが感じられます。水の形状が小さく、水の流れに任せただけのシンプルなものであれば、内気で感情をあらわにしない姿を感じられるでしょう。

このような噴水は感情表現度の低い噴水で、安心と安定を与えてくれるような雰囲気を醸し出しています。たくさんの人がいる場所にストレスを感じてしまうので静かに過ごしたいという人に合う、落ち着いた噴水です。また、興奮やイライラの著しい人が気分をコントロールしたいときにも合っている噴水です。

☆「思考」を読み取る

噴水の「思考」を読みとりたいなら、造形物に注目することです。それは、大きさや造形美に「考えていること」を感じることができるからです。

たとえば、造形物そのものが大きければ、信念の強さや頑固さといったものが感じられます。精巧な彫刻が施された造形美には、たくさんのことに気がつく思考性も感じられるでしょう。

このような噴水は、思考表現度の高い噴水といえます。別の選択肢を考慮しなければいけない状況であっても、自分の信念のためなら一切の妥協を許さないといった人に合う噴水といえます。反対に、いつも考え無しに行動して失敗を繰り返しているような人にも合う噴水です。それは、しっかり考えることの大切さを教えてくれるような意図が造形物から感じられるからです。

一方、造形物が小さければ、何よりも堅苦しい印象はありません。シンプルなつくりの造形美には、一つのことにこだわることのない柔軟性が感じられるでしょう。

このような噴水は、思考表現度の低い噴水といえます。周囲の人の意見がまとまらないようなことに出くわしても、自分さえ我慢すればまるくおさまると考えるような人に合う控え目な噴水といえます。反対にまた、小さな事でも必要以上に深刻に考えすぎてしまう人にとっても合う噴水です。それは、主義主張といったものが造形物に感じられないので、余計な考えを持ちこむこともなく、ごちゃごちゃした頭の中を整理するには最適だからです。

☆そこにある噴水が「どんな人」なのか読み解く

もちろん、ここであげたものはほんの一例に過ぎません。それは、人間が単純ではないように、噴水も決して単純なものではないからです。

「人」は一人として同じ人がいない唯一無二の存在です。同じく「噴水」もまた一つとして同じ噴水はこの世の中に存在しません。そのような見方で噴水の「感情」と「思考」を探求していきます。

人を見るときは、ただ単に「気持ちを出す人、出さない人」「しっかり考える人、考えない人」と一面だけの理解に留まることなく、「感情」と「思考」の両面から総合的に評価することが大切です。

噴水も同じです。一見同じように見える噴水がどのような「性格」や「特徴」をもっているか理解することが大切なのです。「そこにある噴水」を人に見立てて、この噴水は「どんな人」なのかと深く読み解いていきましょう。

☆「思考表現度」と「感情表現度」の組み合わせによる４つの基本型

　先にあげた「感情」と「思考」。それらが表出する度合いを「思考表現度」と「感情表現度」として、それぞれの高低で組み合わせて４つの基本型に分類しています。

　ただし、どの型が良い、悪いということではありません。どの型にも他の型にはない素晴らしい魅力があるからです。

　ではまず、「感情表現度が高くて思考表現度の高い噴水」を見ていきましょう。

　気持ちや考えていることが自然と前面に表われる、エネルギーの大きな噴水で、何を感じて、何を考えているのかはっきりわかります。明るさや楽しさ、前向きさを感じられるため、このような噴水と向き合っていると、たとえ問題が起きて

も余裕をもって柔軟に対応できるでしょう。

　一言でいえば、元気が出ないときや意欲が湧かないときなどに力を与えてくれる噴水です。

　次に、「感情表現度が低くて思考表現度の高い噴水」を見ていきましょう。気持ちは表に出しませんが、強い信念をもっている噴水で、思っていることがはっきり伝わってきます。常に良いものを目指したいという上昇意欲を感じられるため、このような噴水と向き合っていると、たとえ問題が起きても早い決断で、よりよい結果を出すことができるでしょう。一言でいえば、進む道に悩んだときや失敗したときなどに導いてくれる噴水です。

　逆に、「感情表現度が高く思考表現度の低い噴水」を見ていきますと、考えていることよりも気持ちのほうが前面に出る噴水で、何も語らずとも見た目に全てが

表われています。いつも絶えない笑顔で楽観的なところが感じられるため、このような噴水と向き合っていると、たとえ問題が起きても小さなことは気にせずに前に進むことができるでしょう。一言でいえば、他の人に相談しても断られてしまうような複雑な話を抱えていたり、何かを思いつめていたりするようなときなどに支えてくれる噴水です。

　最後に、「感情表現度が低くて思考表現度の低い噴水」を見てみます。何も表に出さないので、何を感じているのか、何を思っているのかわからない噴水で、心に決めた思いは常に見え隠れしています。この噴水と向き合っていると、自分の意見や気持ちを我慢でき、たとえ問題が起きても、落ち着いて動揺せずに対応できるでしょう。一言でいえば、混乱しているときや興奮しているときなどに見守ってくれる噴水です。

　以上、4つのタイプの噴水についてお話しました。今日まで噴水を人に見立てるなんてことはしなかったと思いますが、噴水の4つのタイプを人に当てはめて、「こういうタイプの人いるな」とか、「自分はどのタイプだろう」とか、「自分に合うタイプはこのタイプかな」と思い巡らされたかもしれません。

　もし、「あの人」も「この人」も「どれにもあてはまらないなぁ」と思う場合は、もしかしたら「感情」と「思考」という見方で人を見ていないのかもしれません。漠然と見ているだけでは、深く理解することはできないのです。

　そのようなときは、まずは自分の「感情」と「思考」を意識するようにしていきましょう。

　「感情」に気づきたいのであれば、「～と感じる」「～な気分だ」と自分の今感じている気持ちを意識するようにします。

「思考」に気づきたいのであれば、「〜だと思う」「〜だと考える」と自分が今思っていることを意識するようにしましょう。それが、他者の「感情」と「思考」を知るための第一歩でもあるのです。

☆こんな噴水があったらいいな、と想像することも大切

そもそも、人のタイプを大きく分類しますと「感情」のタイプと「思考」のタイプに分かれます。ところが、自分はどちらのタイプなのかわかっていない人も少なくありません。なかには、ある感情表現を「思考」だと思っていたり、ある考え方の言い回しを「感情」として伝えてきたりします。「明るい」や「幸せ」など、どちらにも当てはまるものはありますが、やはり「感情」と「思考」を正しく分けて理解することは必要なのです。それが、人の「性格」や「特徴」を正しく理解することにつながるからです。同じことは噴水を理解することにも当てはまります。

もちろん、ご紹介した４つの基本型は一つの見方に過ぎませんし、その型の傾向がずっと続くとは限りません。基本的な部分は変わりづらいものですが、その時々の状況によって大きく印象が変わることもあるからです。そのことを忘れず、４つの基本型を活用して、より深い見立てができるように探究力を上げていきましょう。

そのとき大切なのは、自分の会ったことのある人などを参考にすることはあっても、「会ったことのある人」に無理やり当てはめることをしないことです。それでは、多くの人が同じタイプに属してしまいます。

つまり、こんな噴水が「あったらいいな」、こんな人が「いたらいいな」と「会ったことのない人や噴水」を思い描くようにすることです。それが、二つとない見立てに役立ちます。

最後になりますが、さらに細かく見ていくために「思考表現度」と「感情表現度」をそれぞれ10段階にしたチェックリストも掲載しました。対象の噴水を人に見立て、より一層深く理解するために合わせて使用してみてください。

ただし、各段階はあくまで度合いを示したものですし、測定するのは人間ですから、イメージする場面や心境などによっては対象の噴水が以前とは異なる人物像になることもあります。また、該当するかしないかどちらともいえない場合など判断が難しいときもあるでしょう。迷ったときには、自分からの視点はわきに置いて、「人から見たらどう見えるだろう」と考えてみてください。自分の主観で見るよりも、他者から見た客観的視点のほうが明確に見えることもあるからです。本書では、【PartⅠ】で記載した感情指数と思考指数の名称は、感情表現度と思考表現度と同義であり、その感情表現度や思考表現度の度数と、後述する〔二-⑺〕各表現度を合わせて感じる印象指数などを含めて、噴水心理指数と言っています。

〈噴水表現度チェックポイント〉

【思考表現度チェック】
    [01] 造形物からメッセージ性が感じられる……………………………………（　）
    [02] 造形物が大きい…………………………………………………………（　）
    [03] 造形物が彫刻的である…………………………………………………（　）
    [04] 造形物の構造が複雑である……………………………………………（　）
    [05] 造形物の材質に硬さが感じられる……………………………………（　）
    [06] 造形物と周囲の景色がマッチしている………………………………（　）
    [07] 造形物までの視界的アプローチがある………………………………（　）
    [08] 造形物や周囲の景色から歴史が感じられる…………………………（　）
    [09] 造形物に動きがあるもしくは動きが感じられる……………………（　）
    [10] 水量に負けていない迫力がある………………………………………（　）
                                      合計該当数（　）

【感情表現度チェック】
    [01] 水の形状から気持ちが感じられる……………………………………（　）
    [02] 水量が多い………………………………………………………………（　）
    [03] 水の音が大きい…………………………………………………………（　）
    [04] 水音にリズムがある、もしくはリズムが感じられる………………（　）
    [05] 噴き出される水の形状と周囲の景色がマッチしている……………（　）
    [06] 噴き出される水の形状に広がりがある………………………………（　）
    [07] 噴き出される水に動きがある、もしくは動きが感じられる………（　）
    [08] 噴き出される水に色彩や光がある……………………………………（　）
    [09] 噴き出される水が肌に感じられる……………………………………（　）
    [10] 造形物に負けていない水量の迫力である……………………………（　）
                                      合計該当数（　）

各項目の合計該当数＝10段階評価
※例 思考表現度該当数４＝思考表現度４
感情表現度該当数６＝感情表現度６

☆光や天気によっても印象が変わる

　各表現度のチェック数にかかわらず、いずれかのチェックポイントにおいて、内容を上回る大きな印象が感じられる場合は、実際の合計該当数に1ポイント程度付加されることがあります。

　たとえば、評価する上での印象を左右するものの一つに「光」があります。曇りの日と比べて、晴れた日に噴き出される水のほうが光り輝いて見えることもあるでしょう。このような場合にチェックポイント以上の評価が必要となるのです。雨の日であれば、晴れの日にも曇りの日にもない光の拡散が見られます。このような場合も評価を上げる必要があるでしょう。

　一方で、造形物に陽の光が直接当たって、まるで命を宿したかのような生命力に満ち溢れた様子には、通常見られない迫力を感じます。評価を上げるに値する印象です。夕暮れ時にライトアップで照らされた姿や、積もった雪に日が差して輝いている姿なども同様でしょう。

　このように、光によっても印象は大きく変わるものですが、これは光り方に限ったことではありません。「水や造形物の特徴的な形状」や「時間帯によって異なる音の響き方」、「周囲の環境や天気による背景の変化」などによっても、浮かび上がる姿は異なるのです。

　また、夏場は暑いこともあって水の印象が際立ち、感情面が高く感じられます。冬場であれば、寒々しい水の印象が影響して、どちらかといえば造形物の印象、すなわち思考面が高く感じられるのです。そのように季節によって印象が異なることも覚えておくと良いでしょう。

☆表現度を理解して「自分に合う」噴水を見つける

　「思考表現度の度合いが10段階のどれに当たるのか」「感情表現度の度合いが10段階のどれに当たるのか」、今を反映した評価ができるようになると、噴水の「性格」や「特徴」が鮮明になります。やがて、対象の噴水に「特定の人物」も見えてくるようになるでしょう。

　基本的には、感情表現度が10段階評価の5より上なら直感やひらめきに優れているといえます。逆に、思考表現度が5より上なら判断や推理に優れているといえます。

　たとえば、感情は10段階評価の5より上だが、思考は5より下といった場合は、当然のことながら感情面が優位で、表情が豊かで気持ちを前面に出す噴水です。

　逆に、思考が優位な場合は、物事を客観的にとらえられる冷静なタイプの噴水です。

　ちなみに、思考表現度数と感情表現度数を合わせた数の平均は噴水の「人」としての性格的特徴を表わします。それが10段階評価の5より上であれば、外向的で「外」へ向けて積極的にかかわろうとするタイプの噴水といえます。

　反対に、5よりも下であれば内向的で、どちらかというと関心はいつも「内」に向いていて、行動するよりも思慮深く考

えるタイプの噴水です。

　表現度の判断は人によってさまざまですので、同じ評価度合いになるとは限りません。仮に、同じ評価度合いであっても、噴水を見る人の性格や必要性によって噴水の「性格」や「特徴」の認識は異なることも少なくありません。たとえば、ポジティブに受けとれば自分に合うタイプの噴水だと思いやすいものですが、ネガティブに受けとれば自分と合わないタイプの噴水だと思うこともあるのです。

　表現度によって噴水の「性格」や「特徴」を理解したうえで、自分が必要とする傾向をもった噴水に出会うことができれば、その噴水を通してより良い効果や影響を得られることを忘れないでください。

　何よりも大切なのは、「自分に合う噴水かどうか」です。何らかの悩みや問題を抱えているなら尚更でしょう。

☆心の働きをただ感じることで噴水に人を感じる

　ぜひ、各表現度を評価するときには慎重であってください。思考と感情を一緒くたにして見てしまうと、印象がいずれかに引っ張られてしまいますし、漠然と見ていると、曖昧な特徴を導き出してしまいます。それでは、その噴水が自分に合っているのかどうかもわかりません。合っている気になっているだけでは得られるものは少ないのです。

　たとえば、知りたい存在があるときには、その存在に近づいていこうとしませんか。遠くで見ているだけでは多くを知ることはできません。噴水も同じです。もっと噴水に寄り添っていきましょう。

　その際に必要なのは、芸術的な視点というより、心理的な視点です。心理といっても心理学のような関心をもつということではありません。そこにある心の働きを「ただただ感じる」ということです。噴水に人を感じてください。それはまぎれもなく、あなたにとって必要な出会いとなるでしょう。

噴水はいつもあなたの味方

☆噴水はあなたの「チアファウンテン」

　応援されていると感じると、とても励みになりますが、「ちゃんと自分を見ていてくれる」「困っているときに助けてくれる」「声援を送ってくれる」といったふうに、同じ応援でもいろいろあります。皆さんは、どのような応援をされたいですか。

　私も、病気のときにお守りをもらったり、勉強中に母親が夜食を作ってくれたり、試験や仕事の商談前に先輩や父親がアドバイスをくれたりしました。これまで人生で数えきれないほどたくさんの応援をしてもらいました。そして、今ももらい続けています。

　応援の方法はさまざまですが、仕方や中身ではなく、「応援されている」ということ自体が、たまらなく嬉しいのです。本当に自分のことをわかってくれている

か、実際に寄り添ってくれているかはそれほど関係ありません。ただ、「気にしてくれている」「寄り添おうとしてくれている」その思いが心に伝わってくるのです。そしてその度に、「頑張るぞ！」という気持ちが強くなります。

　ただし、そうした応援をいつでもどこでも自分が欲しいタイミングでもらえるかというと、そうではありません。「なかなか応援してもらえない」とか、「応援されているなんて感じたこともない」という人もいるでしょう。そのようなとき、私たちは噴水に応援を求めることができます。自分にとって必要なタイミングで応援をしてもらうことも可能なのです。

　考えてみてください。誰かを応援するには、相手のことを「よく見ている」ことが必要です。私たちが噴水から応援されていると感じられるのは、ある意味、噴水が私たちを見ていてくれているからなのです。

　応援してほしいと思っているときに応援してくれるのが最高の応援者です。噴水もその一つです。もし今、あなたが応援を必要としているようなら、まずは噴水から手が差し伸べられていることに気づいてください。

　人それぞれに心臓の鼓動のリズムがあるように、噴水にもそれぞれにリズムがあります。噴き出される水の、造形物や水面とぶつかる水音のリズムが不思議と声援のように聴こえたり、拍手のように聞こえたりします。

　ちなみに、スポーツなどで応援を先導するチームのことをチアリーダーといいますが、噴水も必要なときに必要に応じて「頑張って！」と私たちを勇気づけ、元気づけ、励まし、前向きにさせてくれます。そのように感じられる噴水は、チアリーダーならぬ「チアファウンテン」といえるでしょう。

　応援、それは、私たちが何かを実現するために「添えられる力」のことをいいます。そう考えると、噴水には、そんな「添えられる力」があるということなのです。

☆噴水に「会う」ことで応援を感じる
　噴水の応援の仕方は、噴水の造形物と水の形状によって異なり、100の噴水があれば100通りの応援があります。また、噴き出される水の形状は風や雨など、そのときの天候によっても変わるので、同じ

噴水からでもいつもとは異なる応援が聴こえてくることもあります。

　落ち着いた声で励まされているように聴こえる声援もあれば、大きな声で鼓舞するように聴こえる声援もあります。大勢から大声援を受けているように聴こえることもあるでしょう。

　手の叩き方によって拍手の響きが変わるように、噴水からもまた、噴き出される水の量や、水面や造形物への当たり方によっても音色は変わります。それは、高らかな音だったり、手拍子のようにリズミカルで軽い音だったり、かしわ手のように深くはっきりとした音だったりと、いろんな種類の音が噴水から生み出されているのです。

　そんな音を聞いていると、誰かが激しく強く「バチバチ」と一生懸命に拍手をしてくれているように感じたり、少数の人たちの「パチパチ」という拍手に囲まれているように感じたり、大勢の人がまるでスタンディングオベーションをしてくれているように感じたりするかもしれません。ときには、小さく聴こえる音から大きく聴こえる音まで、さまざまな音が入り混じった拍手の波を感じることもあるのです。

　ちなみに、この噴水からの応援は水の音による聴覚への訴えだけではありません。造形物や水の動きから、「大丈夫！」「良いよ！」といった手の振りやうなずきのような合図を視覚で感じることもあります。また、造形物から噴き出される水がつくりだす空気の流れや飛沫が、間違いなくそこに自分が存在していることを体感させてくれることもあるでしょう。

　そうです。「応援」といえば人がしてくれるものと思うかもしれませんが、必ずしもそんなことはありません。噴水も私たちを応援してくれるものなのです。

　そう考えると、噴水は「見る」ものというより、「会う」ものといったほうがしっくりきます。ですから、「会う」という視点で噴水にふれてみてください。きっと、噴水からの応援の拍手を決して偶然のものではなく、必然のこととして感じられるようになるでしょう。

　そのためにも、目に映る造形物や水の形状を注視し、耳を澄ませて噴き出される水の音を聞き、その場に漂う雰囲気を全身で感じてみてください。そして、大切なのは、想像することです。更にいえば、噴水の可能性と魅力を想像してください。きっと噴水がさまざまな応援をあなたに送っていると感じられることでしょう。ぜひ、自分を応援してくれるチアファウンテンに出会ってください。

　もしも、声と拍手の両方があなたに届いたなら、それは拍手喝采がわき起こっているのかもしれませんよ。

☆噴水はいつでもあなたを応援してくれる

　噴水は今まで私にたくさんの声をかけてくれました。「頑張れ」「大丈夫」って。人や状況によっては、「頑張れ」とか「大丈夫」という言葉を使っては駄目と言われることがありますが、「大丈夫」「頑張

れ」という言葉以上に心に届く言葉ってどれだけあるでしょうか。

要は、その言葉を言ってはダメというより、誰がその言葉を言っているかが大事なのだと思います。大好きなあの人なら、信頼できるあの人なら、家族や家族のようなあの人なら、自分をわかってくれるあの人が言うなら、きっとこれほど応援されていると感じられる言葉はないでしょう。

噴水も同じです。あなたに合った噴水に出会えたなら、聴こえてくる言葉はどれも、あなたを応援してくれているものに違いありません。なぜなら、その噴水はあなたの味方だからです。そして、実はその言葉は、あなた自身の中にある言葉でもあるからです。

どうか安心して噴水の声に耳を傾けてください。現代社会は、人間関係がとても希薄です。必要な応援を得られることが少なくなったように思います。だからこそ、必要なときに、必要に応じて、必要な応援をしてくれる噴水は、私たちにとってとても大切な存在になっているといえます。

噴水が好きとか嫌いとか、良いとか悪いとかではなく、今まで噴水に興味をもっていなかった人も、10分いえ1分でもいいので、噴水の前に立ち止まって噴水を感じてみませんか。もし、1分のつもりが気づいたら10分になっていたとしたら、あなたは今、応援されたいのかもしれませんよ。

噴水女子・噴水人

☆噴水に魅了される女性の増加

噴水は、国によって特徴が異なり、華やかなものから、飾り気なく、あえて人目を引こうとしないものまで、その土地に応じた種類の噴水が数多くあります。最近、そんな噴水の奥深さに魅かれる女性が多くなっています。

有名な観光地で噴水を見かけることが多いことも、女性たちの噴水愛を加速させているのでしょう。ここ数年、そんな噴水を目的に観光地を訪れる女性に出会うことが増えてきました。

目的はそれぞれで、ただ鑑賞するだけの人もいれば、癒しを求める人、噴水を研究している人、噴水の写真を撮り集める人、なかには噴水を背景に自分自身の写真を撮って集めている人もいます。噴水に溶け込むように写った被写体はとても輝いて美しく見えます。

このように噴水に魅了された女性ファンは「噴水女子」と呼ばれています。もちろん、「噴水男子」もいます。

☆簡単には見つけられない噴水を求めて

噴水は、たとえば山登りのような特別な装備などの準備は必要なく、普段のままで会いに行くことができます。簡単に言えば、大変な思いをしなくても会えるのです。その気軽さと自由度の高さが、噴水の空間へと誘っているのでしょう。

ただし、有名な噴水であれば簡単に見

つけやすいのですが、あまり知られていないような噴水に出会うことは簡単ではありません。いろいろな噴水をたくさん見たいという噴水好きな人ほど、あまり知られていない噴水を求めて出かけることも多いでしょう。それはもはや、「噴水女子」というより「噴水人」です。かく言う私も噴水人の一人ですが、確かに、ネットなどで見つけることも困難な噴水を求めて会いにいくことがあります。地元の方でも「あることを知らなかった」と言うくらい知られていない噴水を見つけるのは難しいのですが、本人はそれほど大変な思いをしているわけではありません。

よく、旅行には三つの楽しみ方があるといわれます。ひとつは、旅行に行く準備をしながら「旅行に行ったら、あれしたい、これしたい」と思いを巡らす楽しみ。それから旅行中の楽しみと、旅行から帰ってきた後の余韻の楽しみです。

その意味では、出かける前に噴水を探す手間などは、旅行に行く前の準備のようなものですから、大変な思いというよりは楽しみの時間といえるでしょう。そのような噴水に出会えるまでの時間やアプローチがあるからこそ、噴水に出会えたときの喜びもひとしおなのです。

☆噴水に出会うポイントは「歩くこと」

数は少なくなったといえ、噴水は世界中にたくさんあります。人が知らないような噴水に数多く出会いたいなら、一番のポイントは「歩くこと」でしょう。旅行先などに行くと、次の目的地まで何かしらの交通機関を利用することも少なくないと思いますが、可能であれば、その区間を「歩くこと」です。

イタリアのローマのように、有名な観光地がさほど遠くない場所にあるようなら尚更です。私自身、約5000もあるといわれるローマの噴水たちに出会おうと、有名な観光地と観光地の間を乗り物などほとんど利用せず、1日約20km、だいたい30000歩ほど毎日歩きまわっていました。だから、帰国したときには必ずといっていいほど数キロは痩せています。それでも未だに10分の1も見ることができていませんが……。

しかし、巡り歩いたからこそ、一般的には知られていないような噴水にも数多く出会うことができました。

名もない公園の中や、門のしまった居住スペースの中庭にあった噴水を警備員の方にお願いして見せていただいたこともあります。多くの人で賑わう場所の、人と人の隙間から思いがけず素敵な噴水を見つけたこともありました。

これらは、乗り物などで移動をしていると、見逃してしまうことも多く、また、どこからともなく水の音が聞こえてきても、その脇道に足を運ぶこともできません。新たに噴水を見つけられない人というのは、その向こうに噴水があることをいつまでたっても知らないままなのです。

噴水探しには、近代の乗り物はあまり役に立ちません。できるだけ多くの噴水に出会いたいなら「歩くこと」。それが

3000以上の噴水に出会った私のコツといえます。

☆噴水にはまだまだ多くの可能性がある

「Mr.噴水」と噴水ファンの仲間から呼ばれるほど噴水好きの私ですが、噴水愛に目覚めたのは中学生のときです。あれから40年余り、旅行に行くときはもちろんのこと、仕事で出掛けるときも必ず噴水を探すようになりました。そうして出会った噴水を人に見立てて眺めています。

噴水の姿や形、動作などがしなやかでありながらも、しっかりと大地に根を張っているような「たおやかな」イメージがとても可愛らしく、ときには格好良く思えて仕方ありません。

柔らかな造形物と優しく噴き出される水は、魅力的な女性のようです。たおやかといっても、どんな困難にも決して負けない強さも持ち合わせている「たおやかさ」です。

一方、見事な彫刻物と激しく噴き出す噴水は、頼もしい男性のようです。人として見れば見るほど、思わず引きこまれてしまいます。

今、そんな噴水に魅せられる人が世界中で増えているのです。特に女性が増えています。なぜでしょうか。それはきっと、カジュアルに楽しめるものだからでしょう。勿論、楽しみ方は人それぞれです。

長い歴史のなかで壊された噴水もたくさんあったでしょうが、それでも何十年、何百年もの間、残されてきた噴水が現在もあるのは、噴水には多くの魅力があり、たくさんの可能性があるからです。どうぞ思い思いに楽しまれてください。

(二)噴水を味わうときに覚えておいてほしい10のこと
～見て欲しい瞬間から過ごし方まで～

ここまで、噴水を味わうためにぜひ覚えておいてほしいことを述べてきましたが、あらためて10項目に整理してみます。

・見てほしいタイミング
・噴水の見方
・噴水の見頃
・噴水の見つけ方
・噴水を見る際のマナー
・噴水の歴史を知る
・記録する
・周囲の環境にふれる
・自分に合った噴水の見つけ方
・噴水との過ごし方

一つひとつ確認していきます。

(1)見てほしいタイミング

噴き出される水の姿は、どの瞬間を切りとってみても厳密には同じものはありません。季節や時間帯、天気、周囲の環境などによっても見せる表情や印象は変わります。見る側の状態や目的によっても感じるものは変わります。つまり、見るタイミングや心境次第で私たちの受ける印象はころころ変わるのです。

そう考えると、噴水に求めるものがある場合は、タイミングを見極める必要があります。最適なタイミングで噴水の側に身を置けば、求めているものが得られる可能性は高まるからです。「噴水を見るタイミング」、それは噴水を味わう上での最大のポイントといえるでしょう。

美しい噴水を見たいとき、癒される噴水を見たいときなどに、それを得たいと期待して行ったとしても、タイミングが悪ければ期待はずれになることだって十分に考えられます。「せっかく噴水を見にきたのだから、期待していたものを得たい」と思うのであれば、噴水を見る最適なタイミングというものを見極めておくことです。

では一体、噴水を見る最適なタイミングとはどのような瞬間なのでしょうか。たとえば、午前中の噴水には清々しいものを感じられることが多くあります。お昼時の噴水は、力強さを感じられることが少なくありません。夕暮れ時の噴水は、特に穏やかなものを与えてくれると感じられます。

また、晴れの日であれば、心を軽くさせてくれていると感じられることもあるでしょう。曇りの日であれば、気持ちを落ち着かせてくれるように感じられるかもしれません。雨の日であっても、鬱々とした気持ちに「さよなら」をさせてくれていると感じることもあります。

つまり、どのタイミングであっても噴水の魅力を感じることはできるものです。噴水に出会ったその瞬間に何かを感じることがあれば、それこそが、そのときの

自分には最適なタイミングであることは間違いないでしょう。

そう考えると、一概に「このタイミングが最適」と一つだけあげることは大変難しいことがおわかりいただけると思います。それでもあえて、多くの人に体験していただきたい最適なタイミングをあげるとすれば、それは、「噴き出されていない噴水の水が噴き出される瞬間」です。

その瞬間はまるで、スッキリとした快適な目覚めを体験するようで、寝起きに思わず「ぐーっ」と体を伸ばして、「あー、よく寝た〜」と言っているような印象です。とても爽やかで、心地良い開放感が見る人の全身に伝わってきます。くわえて、噴き出される時間が朝というタイミングであれば、快適な1日の始まりとなるでしょう。

なかには昼夜問わず水が噴き出されている噴水もありますが、多くの場合、水が噴き出される時間が決まっています。特に午前中の8時から10時頃に噴き出される噴水が多いのですが、水を噴き出したり、止めたりすることを1日に数回繰り返す噴水もありますので、ぜひ、その瞬間に合わせて立ち会ってみてはいかがでしょう。

ちなみに、私にとっての最適のタイミングは残暑が残る9月末の人の少ない早朝に「噴き出されていない噴水の水が噴き出される瞬間」です。噴き出された水が噴水の周囲を漂っている小さく可憐な金木犀の花のにおいを巻き込んで、初秋の風が動くたびに私を包みます。すると、不思議と気分が落ち着いて心がゆるんでいくのが感じられるのです。

(2)噴水の見方

以前、通勤の電車に乗っていて思ったことがあります。そのとき、たまたま私は進行方向とは逆を向いたボックス席に座っていたのですが、いつもは仕事の書類などに目を通していることが多いので、外の景色を意識して見ることはほとんどありませんでした。

でもその日は、見るともなしに過ぎ去っていく外の景色を見ていたら、それまで気がつかなかったことがたくさんあったことに気づいたのです。「あれっ？ こんな建物あったかな？」とか、「この街並み綺麗だな〜」とか。何十年も乗っている電車からの景色なのに、ちょっと意識して見るだけで、今までに見えなかった

ものが見えてきて、普段感じたことのなかったことが感じられました。

このことは景色に限らず、人やさまざまな物に対しても言えます。同じものでも見方を変えてみれば、違って見えたり、いろいろなことに気づいたりすることがあるということです。噴水も同様でしょう。

ある噴水士から「噴水がよくわかるまでには30年かかる」と聞いたことがあります。噴水はそれだけ奥が深いものなのです。そもそも、一つの噴水にもいくつもの見え方があります。ただなんとなく見るのではなく、しっかり見て、もっと噴水を楽しみましょう。

見方としては、大きくは角度、方向、距離感の３つが重要なポイントです。

〈角度〉

まずは角度です。座って見るのと、立って見る。それだけの違いでも噴水の印象は大きく異なります。

たとえば、ベンチに座ったり、地べたにしゃがんだりして下から見上げるように見ると、造形物や空に向かって噴き出される水に包み込まれてしまうような迫力を感じられます。

背の高さにもよりますが、目の高さの真横から見れば、造形物の形状と計算された一つひとつの水の動きに、その場所に配置された目的や形あるものの美しさを感じることでしょう。

背の高い建物や高台から見下ろすように見れば、手を伸ばして触れてしまいたいと思うほど、愛らしく感じるかもしれ

ません。

たいへん少数ではありますが、なかには真上から噴水の全景を見られるものもあります。まるで噴水をひとりじめにした気分になり、噴水の中心で癒されていくのを感じるのです。

世界にある全ての噴水を真上から見てみたい。それは私の夢でもあります。

〈方向〉

見る方向も、一方向だけではありません。正面から、横から、後ろからと背景の異なるさまざまな方向から眺めてみましょう。噴水そのものを感じるには、何よりもギャップを感じることが肝要だからです。

実際、正面からだけではなく、横や後ろからなどの他方向から見てみると異なる印象をもつことが少なくありません。正面同様の魅力を感じるものもあれば、どんなに正面の見栄えが良くても、後ろから見たらそんなに良いものではなかったと思うこともあります。逆に、正面の姿に良い印象はもたなかったけれど、別の方向から見たらとても魅力的だったということもあるでしょう。本当に素晴らしい噴水であれば、どこから見てもその部分を通じて、全体の素晴らしさを知ることができます。

大切なのは、一面だけで良し悪しを判断せずに、多面的に見て、総合的に判断をすることです。

〈距離感〉

最後のポイントが、噴水との距離感です。このアプローチが何よりも楽しくワ

クワクさせてくれます。

　遠くにポツンと、何とか噴水だと見分けがつくような200mくらいの遠い距離からの眺めでは、さしづめ広大な宇宙の中のブラックホールならぬホワイトホールといった光の塊のように噴き出される水が見えます。

　ソウル市内の街角にある韓国銀行貨幣金融博物館前の噴水（新世紀水池）を丁度200mくらい離れたホテルの窓から見たとき、その光のホールに吸い込まれていくような錯覚を覚えたことがあります。

　もう少し近づいて、だいたい100mくらいの距離から見ると、噴水の全景と周囲の環境がはっきりとわかります。この距離感から感じられるものは、街並みと噴水の一体感です。一体感が強く感じられる噴水ほど、周囲や見る人を包み込んでいるように感じます。

　オーストラリアのシドニーで南半球最大の歓楽街といわれるキングスクロスを歩いているとき、100mほどの距離にエルアラメイン噴水が視界に入ってきました。とても爽やかな印象で、周辺のカフェやレストランで食事をする人や行き交う人たちの表情を明るくさせているようでした。

　50mくらいの距離になると、造形物の雰囲気や噴き出される水の音を感じることができます。この距離から見ると、人の視覚と聴覚へ適度な刺激を与えてくれます。

　アメリカはシカゴのバッキンガム噴水を訪れようと50mほど手前の赤信号で立ち止まっていたときです。遠くに見える高々と噴き出される水と水音だけで、すでに十分な心地良い刺激を体感したものです。

　さらに20m〜30mくらいまで近づくと、造形物の細部まで観察することができ、風向きによっては水飛沫も飛んできます。この距離感は噴水の近くを通り道として往来する人たちの距離ともいえ、噴水を意識していなくても、爽快感や開放感などの効果を知らず知らずに感じることができます。

　さらに5m〜10mくらいになると、もうこれは噴水を楽しむために来られている人たちの距離です。噴水の大きさにもよりますが、噴水全体の詳細をとらえることができ、水の音は周囲の雑音を遮断し、その場ならではの凝縮された匂いを感じることできます。

　このように、噴水との距離によって、

噴水から受ける影響は変わってきますが、噴水との距離が近ければ近いほど、否が応でも関心度が高まって、より親近感が高まることは確かです。

なかでも絶対的な親近感を感じさせてくれる距離があります。たとえば、高さ約3m、幅約8mの大きさの噴水だと、噴水から2m40cmの距離です。それより高さと幅が大きくなると、この距離より少しずつ離れるようにし、小さければ、この距離より近づくようにします。

この「噴水から2m40cmの距離」というのは、高さ約3m幅、約8mの噴水を見たとき、視界が噴水の全景でいっぱいになるだけでなく、噴き出される水音が聴覚を、はじけ飛ぶ飛沫や匂いが嗅覚などの体感覚を満たしてくれる距離感です。眼前にある噴水を最大限に感じさせてくれるのが、この距離なのです。

ちなみに、噴水の水の匂いも距離と関係しています。

海外旅行中に日本食を食べたとき、かなり良い食材を使っているにもかかわらず、「何か違うな」と感じることはありませんか。その原因の一つは、店に至るまでの雰囲気、何よりも空気や匂いといったものが日本とは違うことにあります。特に匂いは大事です。匂いは記憶に長く残るものですから、食べたときの味だけではなく、その場、その地、その時の匂いを含めて美味しいと感じていることが少なくありません。当然、匂いが違っていれば異なる感じをもつでしょう。

同じことが噴水、特に噴き出される水にも当てはまります。水で顔を洗う、水の中を泳ぐ、水を飲むなど、水は私たちが日常生活を営むなかで、小さい頃から慣れ親しんできたものですが、その水から感じられる匂いも水のイメージに関係しています。水の匂いが記憶に結びついているからでしょう。だから、ときに、水から懐かしい出来事を思い起こすことがあるのでしょうね。

噴き出される水に気持ちの良い匂いを感じれば、噴水自体の印象を良いものにする助けとなります。不快な匂いを感じれば、どんなに造形物が素晴らしくてもその魅力は半減してしまいます。つまり、噴水と私たちの、匂いの感じられる程に近い距離は、遠くの距離よりも私たちに与える影響が大きいといえるのです。勿論、人によって好みの距離は違いますが、噴水との距離を考えるとき、匂いも感じながらアプローチすると、その噴水でしか味わえない感動を得られるでしょう。

お話ししてきた角度、方向、距離の3つにおいて特に重要なポイントは、噴水をある一面だけで判断することなく、多面的に見ることです。

私は風景画が好きなのですが、特に好きなのは目に映るものだけを一気に描いたものではなく、描きたいものをさまざまな角度や方向からじっくりと見て、描きたいものがいちばん生きる距離感で描かれているものです。そのものの本質が見えるから、心に残るのでしょう。

ですから、景色や芸術的なものを鑑賞するときは、一面だけでは見てはいけな

いと思っています。噴水も同じです。

　正面には正面の風景があり、後ろには後ろの風景があり、上からは上からの、下からは下からの異なる見え方があります。そのことをわかったうえで、特定の場所、自分の心が揺り動かされる場所に身を置きたいものです。

　フランスはパリのルーブル美術館近くに多くの人で賑わうチュイルリー庭園があります。この庭園には円形の大きな噴水がありますが、周囲にある可動式の椅子はいつもいっぱいです。利用目的はそれぞれでしょうが、空くのを待っていると、椅子を確保できた人がその椅子を移動させているのが目につきます。きっと自分の好きなポジションで噴水を見たいのでしょうね。私の後ろから「あそこの人、席を立たないかな〜」という声がきこえてきました。

　ところで最近では、インスタグラムなどにたくさんの噴水が投稿されているのを見かけます。多くの国の方が投稿されているので、投稿される方の国の噴水を見ることができてとても楽しいです。見たこともない噴水がたくさんありますし、この国にこれほどたくさんの噴水があるのかと驚かされることもあります。

　特に、写真ではなく動画で掲載されているものは、噴水の様子がさらに臨場感をもって伝わってきます。もちろん、直接見ることに勝るものはありませんが、その場に出向かずとも噴水の様子がうかがい知れることは、噴水好きにはたまり

ません。思わず、この噴水を直接見に行こうと思ってしまいます。

　個人的には、写った一瞬に、その噴水の真の表情が見えるので写真のほうが好きですが、ほんと、見方によって感じるものは違いますね。

⑶噴水の見頃

「噴水はいつ見たら良いですか？」と聞かれることがあります。要は、時間帯や季節のことを尋ねられているのですが、せっかく見に行きたいと言われているのに「いつでも大丈夫ですよ」では不親切です。もちろん、日本の噴水は、夏に限らず、秋には秋の、冬には冬のといった、その季節ならではの見ごたえがあります。

　しかし、残念なことに、稼働期間を春から夏の終わりまでとしているところが少なくありません。なかには夏休みの時期だけというところもありますので、「いつでも良い」というわけにはいかないのです。何よりも、見るために時間やお金をかけられているでしょうし、「できることなら素敵な瞬間に出会いたい」という気持ちもあるでしょうから、そのようなことも踏まえて、お勧めの時間帯や季節といった見頃をお伝えしています。

　そのポイントは、大きくは5つあります。

①梅雨の時期を除く

　雨は空気中の汚れだけでなく、噴水の汚れも綺麗に洗い流しているようです。ついでに、見るときの心も洗い流してく

れるように感じることもあるでしょう。そんな雨の日というのは、雨に濡れた造形物と噴き出される水、降り続く雨が昼間の少量の光に反射して、晴れの日以上に輝いて見えます。また、噴き出される水と雨がぶつかる大きな音は晴れのとき以上の存在感を感じさせてくれます。このように晴れの日には見せない噴水の表情を見ることができるのは、雨の日ならではの楽しみ方といえます。

それは、今にも雨が降り出しそうな曇りの日も同様でしょう。雲によって太陽の光を遮られた噴水が、自らの力だけで精一杯輝こうとしている姿はとても美しいものです。このように、雨の日、曇りの日は、晴れの日には感じることのできない噴水の魅力を知ることができます。

ただし一般には、雨と聞くと、暗い気持ちになる、気がふさぐ、鬱陶しいものと思われる人は少なくないでしょう。そんな雨の日に噴水を鑑賞するのはとても大変で、写真を撮ろうとしても、機材が濡れないように十分気をつけなければなりません。何よりも、自分自身が濡れないように傘などを持ったり、足下が濡れないようにしたりと大変です。やはり、噴水を観賞するには、季節も重要ですが、天候もとても重要なのです。その意味では、梅雨の時期は噴水の見頃とはいえないでしょう。

②真夏の噴水が見頃といえない面もある

太陽が燦々と輝くこの時期は、まるで噴水にスポットライトを当てるかのように光り輝いています。一年中でいちばん噴水が美しいと感じられる時期です。また噴水は、夏の暑さを凌ぐための素適な憩いの場にもなります。

しかしそれは、同時に難点でもあります。「一服の清涼剤を」と、このときとばかり多くの人が噴水の周りに集まり過ぎてしまうからです。暑さを吹き飛ばしてくれるような大量の水と、笑顔で走り回る子供たち、見ていてとても賑やかで微笑ましい「噴水のある風景」ですが、視界が人に遮られてしまうこともありますし、静かな鑑賞には向かないともいえます。

くわえてこの時期は、水需要が増えることと雨が降らないことが重なるため、節水のために噴き出される水が時間限定になったり、停止されたりすることもあります。しっかり噴水と向き合うには、この時期は噴水の見頃とはいえないかもしれません。

③台風シーズンを除く

6月から10月にかけては台風シーズンです。もちろん、台風が上陸しているときに噴水を鑑賞しようとされる方はほとんどいないと思います。普段見ることができない噴水の表情を見ることができると考えれば、それはそれで「レアな風景」であるかもしれませんが、条件としては最悪です。しかも、台風のときは水を止めるところが多いので、出歩かないことが賢明でしょう。

④寒くない時期がおすすめ

冬の時期の噴水は、雪に包まれ衣替えした造形物を見ることもできますし、噴き出される水はとても健気で、まるで雪

ん子のようです。たとえば、日比谷公園内の鶴の噴水は、噴き出される水が寒さのために氷柱となることがあります。鶴が羽を大きく広げているかのようにも見えて、とても美しい風景です。

　一般に噴水は夏のものと決めつけられがちですが、寒い冬であっても鑑賞を楽しむことはできるのです。しかし、やはり寒いとゆっくり鑑賞とはいきません。また、寒い時期は噴き出される水が止められていることがほとんどです。そう考えると、この時期は噴水の見頃とはいえそうにありません。

⑤昼間の明るい時間帯がおすすめ

　夜間の電灯が灯る公園の噴水や、イルミネーションショーなどの噴水は昼間と同じものとは思えないような雰囲気を醸し出しています。それは、噴水の昼間の顔に対して裏の顔を見ているようです。昼間の噴水が現実世界のものだとしたら、夜間の噴水はこの世のものとは思えない幻想的で美しい別世界のもののようです。しかし、こうした美しさは、水の美しさより光が勝ってしまい、造形物が闇に消えてしまっていることも少なくありません。噴水の全体像を余すことなく楽しむなら、やはり、明るい昼間ですね。

　このように、噴水には見頃があります。いつ見ても同じと決めつけずに、5つのポイントを鑑みて噴水の見頃を選択すると、ベストなのは、気温が20℃前後で、日照時間も長くなる時期といえます。日本の場合は、4月末から5月初旬の3〜4週間がもっとも見頃といえるでしょう。特にその時期にあたるゴールデンウィークの期間は、噴水を鑑賞される良い時期ですよ。

(4)噴水の見つけ方

　そもそも、噴水となかなか出会う機会がないという話をよく聞くことがあります。「見たいと思っているのに見られない」というのです。インターネットで検索してみても、普段の活動範囲内に見つからないし、旅行先でも近隣の噴水情報がなかなか手に入らないというのです。もちろん、30〜40年前に比べたら、私たちが思い浮かべるような噴水そのものが減っています。しかし、有名、無名を問わなければ、全都道府県に存在しますし、「あっ、こんなところに」と気づくことも少なくありません。世界にも、まだまだたくさんの噴水があります。

　ただそれにしては、噴水があるかどうかを知る情報が世界的に非常に少ないのです。ましてや、水が噴き出されている時間帯やメンテナンス期間など詳細な情報は、有名な噴水であっても乏しく、訪ねてはみたものの、水が噴き出されていなかったなんてことはしょっちゅうです。私の体験ですが、せっかく海外にまで足を延ばして見に行ったのに、水が噴き出されていなかったときのショックといったら大変なものです。でも、そんなことがあっても、また会いにいきたいと思わせるのが噴水の魅力なのです。

では、そんな情報の乏しい現在、どうしたら噴水に出会えるのか。これまでに私が行なってきた方法をいくつかご紹介させていただきます。

　最大のポイントは、先述したように、出来るだけ「歩くこと」です。

　たとえば、いつも通勤で利用している最寄駅の一つ前、もしくは一つ先の駅で降りて、普段とは違う道を通ります。すると、思いがけない場所で噴水を見つけることがあります。旅行に行かれた際には、観光地と観光地の移動にバスや電車などの交通機関を利用しないで歩いてみます。そうすると、不意に噴水が現われることも少なくありません。乗り物に乗っていたら通過してしまったり、通らなかった道を歩いているうちに噴水に出会ったりすることがよくあるのです。

　そのうえで、近くにある噴水を決して見逃さないためには、3つの感覚を研ぎ澄ましておくことが必要です。

　1つ目は、聞き耳を立てていることです。駅の雑踏の中やデパートの中、喧騒とした街中でも聞き耳を立てていると、どこからか水の音が聞こえてくることがあります。洗車している水の音や雨の水が流れている音だったりすることもありますが、水の音に敏感であることは、噴水を見逃さないための秘訣の一つです。

　2つ目は、周囲をしっかり観察することです。いつもの見慣れた風景だったりすると、改めてしっかり見ることはなかなかありません。また、知らない場所へ出かけても、何となく景色を見ることが当たり前になっていると、見落としてしまう景色は少なくないでしょう。そのような景色の中に噴水がまぎれていることもあるので、しっかり観察することを忘れてはなりません。

　大切なのは、違和感を見つけることです。そのためには、この街はこうとか、この通りはこうとか決めつけないでください。決めつけてしまうと、想定外のものが視界に入ってこないからです。「この長い通りのずっと先で何かが光って見えるのは、きっと交差点を横切る車に太陽の光が反射しているからだ」と思ったものが、実は、噴水から噴き出される水が光り輝いているかもしれないのです。「もしかしたら」「ひょっとすると」という期待を常にもちながら、周囲をよく観察していきましょう。

　最後の3つ目は、匂いを感じることです。焼き鳥屋さんや鰻屋さんなどのお店の近くを通ると、お店は見えないのに、すぐ近くにあることがわかります。それは、焼き鳥や鰻を焼いている匂いを感じるからです。プールの近くや川のそばを通るときに感じる水の匂いも同様です。たとえば、デパートの中を歩いていると建物の中なのに水の匂いを感じることがあります。それが噴水とは限りませんが、同じフロアー、もしくは違うフロアーのどこかに水に関係するものがあることが多いのです。街の中を歩いているときにも水の匂いに敏感でいましょう。建物や人並みに隠れている噴水があるかもしれませんよ。

このように、噴水を見つけるためには、できるだけ「歩くこと」が必要で、その際には、聞き耳を立てていること、周囲をしっかり観察すること、匂いを感じることの３つを意識してください。

しかしなかには、「そこまで意識して歩けない」という人もいらっしゃると思います。もちろん、「水の匂いはしているか？」「水の音はしていないか？」「噴水らしきものはないか？」ということに集中していては、歩くことさえもままならない状態になってしまうでしょう。

大切なのは、今まで以上の興味を噴水にもち、噴水を好きになることです。すると、噴水の方から歩み寄ってきているのではないかと錯覚するほど、噴水との出会いが自然に増えてきます。

⑸噴水を見る際のマナー

突然ですが、皆さんにお聞きします。噴水を鑑賞しに行ったとき、周りの人のマナーが悪くて困ったことはありませんか。たいへん残念なことですが、そうした場面を目にされることは少なくないかもしれません。

これは噴水鑑賞に限らず、どこでもあり得ることで、ゴミのポイ捨てをしない、他人に迷惑をかけない、対象のものを傷つけないといったことを守るのは当然のことです。マナーの中身はどんな場合も共通していることが少なくありません。噴水鑑賞のマナーの悪い人は、他のことでもマナーを破っている可能性がありま

す。それを、マナーの悪い人といいます。

マナーの悪い人は、そもそもマナーを気にしていないか、マナーを知らないかです。しかし、この２つは似ているようで大きく違います。知らない人は、その場所に身を置くことがはじめてだったり、マナーがあること自体を知らなかったりします。しかし、気にしない人は、一言でいえば確信犯です。もしくはマナーの意味を理解しようとしない自分勝手な人でしょう。たいへん悲しいことですが、どのような場所にもこのような人が一定数います。ぜひ、そういう人が減ることを願っています。

ここで、特に噴水を見るときのマナーについて考えてみたいと思います。そもそもマナーには一般常識的な部分も多く含まれますし、その場所、場所で気をつけなければいけないことが違うことも多々あり、個々についてのマナーをあげたらきりがありません。

ですから、あらゆる場面に共通するマナーを意識することが必要で、何より「人の嫌がることはしない」という当たり前のことを守ることです。もちろん、人によって何が嫌かが違うこともありますから、まずは「自分がされて嫌だと思うことはしない」と心がけるようにします。そのうえで、特に噴水鑑賞において、私は次の４つのマナーを意識しています。

１つ目は、「声のボリュームに注意する」ことです。

絶対に小さな声で話さなくてはならない、ということではありませんし、大き

な声を一切出してはいけないということでもありません。素晴らしい噴水に出会ったときは感嘆の声を思わずあげてしまうこともあるでしょう。そもそも、雑音の多くは噴き出される水の音が遮断してくれます。それでも、そこは自分の家の中ではありません。ですから少しだけ、周りにいる人に配慮して声の大きさを調節するようにします。もちろん、水遊び場にあるような噴水であれば、子供たちが元気に楽しむ愛らしい風景が似合っていますし、近隣で暮らす人などに迷惑がかからない範囲であれば、声のボリュームなんて気にする必要もないでしょう。

2つ目は、「匂いに注意する」ことです。

暑い夏は、噴水の周りで冷たい飲み物を飲みながら過ごされる人がいます。お昼時であれば、のんびりとお弁当を食べる人もいるでしょう。きっとその時間は、噴水のない場所で飲食するより美味しく感じられることでしょう。

ただし、他にも噴水を楽しんでいる人、静かに観賞している人がいることを忘れてはなりません。特に強い匂いを感じさせるものや香水などには注意が必要です。

これは噴水自体の問題ですが、噴き出される水から腐ったような臭い匂いがすることがあります。手入れの行き届いていない循環型の噴水にはありがちなのですが、造形物も噴き出される水の形状も美しいのに、良い印象をもつことができなくなってしまいます。

良かれ悪しかれ、匂いは私たちの印象を左右する重要な要素ですから、素敵な噴水の印象を変えてしまうことがないように匂いにも注意しましょう。

3つ目は、「評価に注意する」ことです。

美術館や映画館で鑑賞していると、「つまらなかった」「よくなかった」などという声が聞こえてくることがあります。確かに、人によって感想はいろいろでしょうから、マイナスの感想をもつこともあるでしょう。しかし、なかには「面白かった」「良かった」とプラスの感想を抱く人もいるはずです。もしかしたら、一緒に観賞した隣の人がそうかもしれません。ですから、周囲のことも考えて発言することです。感動を壊さないために。

4つ目は、「視界に注意する」ことです。

大型の野外コンサートでの鑑賞やスポーツ観戦などでよく見られる光景の一つに、目の前にいる人が別の人を肩車して声援をおくっていることがあります。前が見えません。大きな旗を掲げていることもあります。前が見えません。間を外した大声の声援や楽器を利用した声援で、聞きたいものが聞こえなくなることもあります。それらを含めて見ることが当たり前の楽しみ方なのでしょうが、私は、一瞬たりとも見逃すことも聞き逃すこともないように集中して見聞きしたいタイプなので、せっかくの機会をじゃまされているように感じてしまいます。同じように思われる方もいらっしゃるのではないでしょうか。

そんな人がいることも含めて楽しむと

いう楽しみ方があってもいいとは思いますが、噴水に関していえば、人の視界を遮ることがないような配慮をするだけでもいいでしょう。もちろん、多くの人で賑わっている場所などでは難しいこともありますが、それでも角度や距離などを調整して、他の人の視界を遮らないように鑑賞したり、撮影したりしたいものです。

それは、ゴルフのマナーでいうところの、パットをする人のパッティングラインの延長線上に立たないようにすることと似ています。

とりわけ噴水の世界に没入しているような人がそばにいたら、できる範囲で視界に入らないような配慮を試みたいですね。

もちろん、設置者や管理者からの注意喚起の工夫も必要でしょう。しかし、何よりも大切なのは訪れる人の心がけです。どこでもマナーなんて同じようなものだと思っていては、知らずしらずのうちにマナー違反をしてしまうかもしれません。あなたにとっては何気ないことが、周りの人にとっては不快感を抱かせることになっているかもしれません。もしかしたら、そこを訪れるのが最初で最後の機会の人に不快感を与えることになっていたらどうでしょう。自分が同じような立場になることだってあります。噴水が好きなのは自分だけではなく、周りの人も同じだと思って、マナーを守って楽しく鑑賞しましょう。

⑹噴水の歴史を知る

噴水を深く理解するには噴水の歴史を知ることも必要です。それは、ただ噴水の過去を知るだけのことではありません。過去は現在を映し出す鏡ともいわれます。過去を知り、現在と結びつけることが噴水を深く理解するためには重要です。

たとえば、過去の利用目的を理解することは、現在の必要性の認識へとつながります。諸説ありますが、噴水が主に水飲み場としてあちこちで利用されていた時代に、噴き出される水の周囲を美しい造形物で着飾ることは水の有り難みを感じるためだったという話を聞いたことがあります。それは、当時の人々にとっていかに水が貴重なものであったかを感じさせる話でもあります。

もちろん、水は今も貴重で、決して水が潤沢とはいえないにもかかわらず、たくさんの噴水が造られている地域も世界にはあります。やはり、水の有り難みや素晴らしさを忘れないようにしようという意図もあるのでしょう。

また、過去の設置状況を知ることで、現在までの噴水の変化の過程に思いをはせることもできます。

古く、湧き出す泉を利用したり、水面との高低差を利用したりして水圧で噴き上がるような噴水が造られていた時期は、噴き出される水の形状はシンプルなものでした。しかし、動力が利用されることが多くなった現在では、複雑な水の形状もだいぶ表現できるようになりました。

「水をこう魅せたい」という形状を実現できるようになったのです。

　造形物についても、古代にはなかった近代的なデザインのものが数多く生まれてきました。

　しかし、今も昔も、その多くは噴水以外のものと見間違われることはありません。きっと昔の人が現代の噴水を見ても、そう違和感をもつことはないでしょう。噴水は、噴き出される水と造形物の組み合わせというコンセプトがそのままだからです。はるか昔に人びとが望んだ形の基本は、多くを変えることなく今もなお受け継がれているのです。

　だから、過去の設置者や管理者を知ることで、現在の噴水の意味をより深く感じとることができることもあります。たとえば、フランス史上もっとも名高い国王であるルイ14世は、水なき地で水を噴き上げる噴水庭園をベルサイユ宮殿に完成させました（17世紀後半から18世紀初頭）。この時代には考えられないことを行

なうことで、自然をも変える力があることを民衆に示したのです。

　現在でも中東などの国々では、国王な

どの権力者によって、これまでにないような噴水が築かれることがあるように、権力や富の大きさを国内外に印象付ける役割を担わされた噴水は存在しています。しかし、時代の大きな流れは、国レベルの噴水よりも国民に近づいた噴水が数多く造られるようになってきました。役所や大企業、教育機関や大型ショッピングモールなどで見かける噴水には、設置者や管理者の権力誇示というよりも、国民の繁栄や発展といった意味合いが強く感じられるのです。

　ですから、その土地の文化やそこに生きる人々の暮らしを知ることで、噴水の評価を見直すこともできるでしょう。

　たとえば、街を美化しようとする制度のもとに造られ、そこで暮らす人々によって守られてきた噴水は少なくありません。世界一噴水があるといわれるローマなどはとても良い例です。古代遺跡や宮

殿、美術館などお馴染みの観光スポットだけではなく、実は5000以上あるといわれる噴水がローマの魅力の発信に一役も二役も買っているのです。

　また、特産物の発展やその地域における功績を記念して、街のシンボルとして造られた噴水が世界には数多くあります。それらが現存することは、人びとの郷土意識を高めることにもつながっています。つまり、何の意味もなく造られたと思われるような噴水でも、その土地の歴史を紐解けば、文化や暮らしなどと深くつながっていることがわかるのです。そう考えると、今を生きる私たちに与えている影響も決して小さくはないといえるでしょう。

　歴史というものは、決して今の時代に何の役にも立たない、終わってしまった過去のことではありません。このように噴水の歴史を知ることは、噴水の魅力をより深く知る喜びへとつながります。その歴史に想いを馳せながら、目の前の噴水を見てみませんか。そして、噴水の未来も想像してみましょう。

⑺記録する

　噴水を好きになった40年以上前を振り返ってみると、当時の私はいろいろな噴水を鑑賞することには熱心でしたが、写真や感想などの記録は何も残していませんでした。鑑賞するだけで良しとしていたのです。もちろんそれは、その噴水に興味がないということではありません。

そのときの私には、それで十分だったからです。

　「もっと今まで見たことのない噴水も見てみたい」「もっとたくさんの噴水を見に行きたい」そんなことばかり考えていたので、きっと、記録する手間が無駄な時間に感じられて億劫だったのかもしれません。

　しかし、歳を重ねるにつれ「趣味は何ですか？」「好きなことは何ですか？」「休みの日は何していますか？」と周囲の人から聞かれることが多くなると、「どうして記録を残しておかなかったのか」と悔やむことも多くなりました。「あの瞬間の写真が手元にあったら、もっと噴水の素晴らしさを伝えられたのに」とたいへん後悔したのです。

　それからは、次第に記録することが当たり前になっていきました。たとえば、どこかで噴水に出会ったとします。「大きかった」「美しかった」「最高だった」だけで終わらせてしまえば、その瞬間の癒しや満足にはなっても、その噴水と自分との関係はそのまま終わってしまいます。それではあまりにも寂しいですし、後々、心に思い浮かべることもできません。

　やはり記録することが大切なのです。

　その噴水はどこにあって、どういった造形物で、どのような形状の水が噴き出されているのか。そういった情報や感想を書き記しておきます。また、写真などにおさめておくことも必要です。

　さらに私は、それぞれの噴水の印象指数を設定して書き添えておくことにして

います。この指数は、先に紹介した感情表現度と思考表現度の数値を足して２で割り、これから紹介する環境値でかけたものです。数式で表わすと、印象指数＝（思考＋感情）÷２×環境値 となります。

環境値は、噴水と環境の適合度を10段階で表わすものです。どんなに素晴らしい噴水であっても、周囲の環境にそぐわなければ、魅力を半減させてしまうことがあります。逆に、噴水だけを見ていたら決して素晴らしいとは思えない噴水であっても、周囲の環境との一体感が感じられることで、思わず「お見事」と言いたくなる噴水もあります。

たとえば、噴水自体のデザインが古典的なもののとき、周囲の環境が歴史的な姿をとどめていれば、噴水と環境の適合度は高くなるので、10段階の環境値は10に近くなります。逆に、噴水自体のデザインが現代的なものなのに、取り囲む環境が古い時代の趣きを強く感じさせるようならば、適合度は低く、10段階の環境値は０に近づいていきます。

ところが、噴水の性質とは異なる環境に置かれていても、強い印象を与えることがあります。その場合は適合度は低くても、環境値は高くなっています。正反対の様子だからと数値が必ずしも低くなることはないのです。

見極めのポイントは、噴水そのものを眺めているときより、周囲の景色と共に見たほうが、噴水が輝いているかどうかです。

ちなみに、印象指数の高さがイコール「良い噴水」であるとか「誰もが好きになる噴水」であるということではありませんが、多くの人の心に残る噴水であることは間違いありません。

このように、基本的な情報と写真にくわえて、印象指数などの数値を書き添えておくことで、噴水の一つひとつが脳裏に焼きついていきます。それは、記録が記憶へと変わっていくことともいえるでしょう。

こうした作業をしていると、「この噴水はもっと水量が多いと良いな」とか「この噴水はもう少し水の形状が変わると良いな」、「この噴水は造形物と水のバランスが良いな」といったふうに、それぞれの噴水についていろんな感想が頭をよぎるようになります。

そして、ただ噴水を眺めているだけでは気がつかなかったことを発見できるようになるのです。

やがて、次に出会いたい噴水もはっきり見えてくるでしょう。つまり、そうしたくり返しが噴水と自分との関係をより確かなものとして築いていくということなのです。

最後に噴水について記録するうえで忘れないでほしいのは、一つひとつの噴水との出会いは常に特別なことかもしれないということです。そう考えられると、億劫に思っていた記録も、とても大切なものに思えてくるはずです（詳しくは第一弾『生きづらい自分がすーっと楽になる「こころのゆるめ方」』をご参照下さい）。

⑻周囲の環境にふれる

先に述べましたように、どんなに素敵な噴水であっても、噴水と周囲の環境が合っていないと噴水の魅力が半減してしまうことがあります。まれにそうでない場合もありますが、全般的な傾向としてはやはり噴水よりも環境の影響のほうが大きいのです。ですから、どんなに素晴らしい噴水でも、周囲の環境とマッチしていないものだったりすると、「一度は目にしてみたい」と見に行っても、「また見たい」とは思いにくいものです。また、長い目で見れば、環境にマッチした噴水のほうが環境とマッチしない噴水よりも存続しやすいともいえるでしょう。

たとえば、どんなに優秀な成績を残したスポーツ選手であっても、チームが変われば期待したような成績をあげられなくなったり、早期に引退してしまうことがあります。まるで違う選手ではないのかと思ってしまうくらいです。

チームが変わっても、選手の能力、魅力は以前とまったく変わらないはずなのに、チームの方針、異なる地元や同僚、過度の期待といった周囲の環境と適合しないと力をフルに発揮できなくなるということなのでしょう。それは、同じ文章でもフォントが変わることによって雰囲気が変わってしまうのと似ています。

こういった話は、何もスポーツの世界に限らず、職場や学校などいろんな場面でよく聞かれるのです。

噴水にも同じことがいえます。私たちは噴水自体が「美しいから」、「綺麗だから」、「大きいから」素晴らしいと思いがちです。しかしそれは、周囲の環境との相互作用によってつくられた印象です。ですから、噴水の印象が悪いといって、周囲の環境を鑑みず噴水だけをつくり直したとしても、印象が大きく変わることはありません。

良い印象がもたれる噴水とは、環境に合った噴水です。つまり、噴水自体の魅力をより生かしてくれる場所にあるということが重要といえます。噴水自体はありふれたものであっても、長く愛され続けているのは、環境に合っているからなのです。

そう考えると、どちらかといえば、高いお金をかけた噴水をつくろうとするより、まずはどこに噴水をつくるかを考えるほうが、より愛される噴水が生まれやすいといえます。

最近の噴水は、噴き出される水や造形物の形状を華やかにしたものを多く見かけますが、噴水自体の魅力を重視するあまり、環境にまったく馴染んでいないことが少なくありません。それではやがて淘汰されてしまいます。

お話ししてきたように、噴水の鑑賞において、噴水の置かれている環境がもつ意味は大きく、噴水がそこに存在する意義や意味をその環境を通して体感することで、

「あの木々の生い茂る中の噴水は森の妖精のようだ」

「背の高いビルたちに包まれた噴水は都

会のオアシスのようだ」
「交差点の中心にある噴水は守り神のようだ」
と感じられるようになります。それは、見る人と噴水との関わりが深められた証ともいえるでしょう。

　たとえ目の前にある噴水がかつて見た噴水と同じものに思えたとしても、周囲の環境は全て異なるのですから、どの噴水も二つと同じものはなく唯一無二の存在といえます。ですから、そう感じたいと思ったら、ぜひ周囲の環境にも目を向けてみてください。あなたの目の前にある噴水をしっかり味わうためには、周囲の環境も同時に味わおうとする視点が必要なのです。きっと、噴水の美しさだけではなく、不思議さや面白さ、雄大さなどを感じられることでしょう。それは、これまで感じられなかったことに気づいたり発見したりすることにつながりますし、豊かな感情や心情を培うことにもつながるのです。

⑼自分に合った噴水の見つけ方

　世界には数多くの噴水がありますが、「これ良いな」と思う噴水もあれば、「これっていかがなものか」と思わせるような噴水もあります。そして、不思議なもので、自分は「これ良いな」と思う噴水を嫌いな人がいれば、自分は「いかがなものか」と思う噴水が好きな人もいます。

　このように、その噴水が好きか嫌いかは人それぞれの自由ですが、今のその人に合っている噴水かどうかはある程度見極めることは可能です。

　「これ良いな」「これ好きだ」と思う噴水が自分に合う噴水であったらいいでしょうが、そうとは限りません。そもそも、噴水の好き嫌いと、その噴水が自分に合う、合わないは別次元の話なのです。

　皆さんは、自分にはどんな噴水が合っていると思いますか。それは、有名、無名に関係なく、小さな噴水かもしれないし、大きな噴水かもしれません。芸術的な噴水かもしれないし、シンプルな噴水かもしれません。

　たまに、「誰にでも合う」なんて言葉を目にしたり聞いたりすることがありますが、本当なのでしょうか。正直言って、信じがたい話です。人はそれぞれですから、自分に合っているからといって、他の人にも合うとは限りませんし、他の人に合っているものが、自分に合うとも限らないからです。

　ここで、「この噴水は自分に合う」と思われる噴水の評価ポイントについて、いくつかあげていきます。

　まず、「合う」「合わない」といった評価には、噴き出される水の音や周囲の音と、大きさや形状、周囲の雰囲気といった目に映る噴水の姿にかかわるものがあります。最初の印象を決定付けるのは目に映る噴水の姿のほうです。それは、出会ってものの数秒で決まります。いわゆる、第一印象というものです。多くの場合、この第一印象で何を感じるかで、今の自分に合う噴水かどうかがわかります。

もし、何にも感じられないという場合は、一度落ち着くために深呼吸をしてみましょう。そうすると、さっきまで感じられなかったものが感じられるようになってくるかもしれません。

　何かを感じられたら、それが「合う」ものなのかを考えてみましょう。基本的に自分に合っているのは次のような場合です。

・「スーッと入ってくる」。それは、優しさを感じるといったほうが良いかもしれません。

・「楽にいられる」。そもそも負担を感じるものは、合っていないというより、害でしかありません。

・「心を奪われる」。目に映る姿に目を奪われるだけではなく、他のことに意識が向かなくなります。

・「合っていると思う」。一瞬で合っていると信じてしまいます。合っているかどうかは自分次第ということです。

・「これは良いと思える」。誰かに教えたいと思うような良さが感じられます。

　この5つの項目を当てはめて考えてみると、自分に「合う」噴水を見つけやすくなります。

　ちなみに、日を改めて別の機会に鑑賞したとき、以前の第一印象では合わないと思っていた噴水の魅力に気がついたら、5つの項目を当てはめて考えてみてください。実は自分に合っている噴水だったということに気づくかもしれません。つまり、たった一つの魅力的な部分が、合わないと思っていた印象を覆してしまうこともあるのです。

　自分に合っている噴水は、リラックス効果や活性化効果はもちろん、いつもそばにいてくれているような親近感や心強さを感じさせてくれます。それは今、自分が欲しているものでしょう。それが自分にとって好きなことだったり、大切なことだったりしたら尚更です。ぜひ、自分に合った噴水にたどり着いてください。

⑽噴水との過ごし方

　多くの方たちが「噴水を鑑賞する」体験は、まるで自分が芸術の一部分にでもなったような、特別な空間に酔いしれることのできる素晴らしい時間になり得ることもあります。

　月並みではありますが、このように、噴水をただ鑑賞して過ごすだけでも十分楽しいことですが、「今度はこの噴水と何をしようか」「あの噴水とは何をしようか」といろんな過ごし方を考えることも楽しいものです。

　たとえば、旅行には3つの楽しい時間があるといいます。旅行に行っている時間、行く前の「あれしたい」「これしたい」と考えている時間、旅行から帰ってきた後の余韻に浸る時間です。

　ちなみに、旅行に行く前や後で旅行先の写真を見たり、思い出話をしたりするだけでも、実際に旅行に行っているときと同じように脳の活性レベルが上がったという結果が出ています。噴水も同様で

しょう。たとえ噴水と直接会ってはいなくても、噴水の写真を見たり、噴水のことを考えたりすることで、脳の活性レベルが上がることは想像に難くありません。

そう考えると、噴水を見るといった定番の過ごし方にくわえて、たまには別の過ごし方を考えてみることも心身リフレッシュ効果につながるでしょう。

それ以外にも噴水との過ごし方があります。

たとえば、読もうと思って買っておいたままになっていた本を、飲み物を傍に置いて飲みながら、噴水の水音をBGMにして読むと、雑踏音が遮断されて、あなただけの世界に入り込むことができます。

ハンドメイドや英会話などの趣味を噴水前のベンチに座って行なってもいいでしょう。友達を誘って噴水前で食事しながら過ごすことで交友を深めることにも役立つでしょう。あるいは、アルコールの飲める場所であれば、お酒を飲みながら噴水を鑑賞するなんていうのは、お酒好きにはたまらない時間です。

噴水の周りの涼しい場所は、ヨガやスポーツで汗を流した人たちにとってリフレッシュするための有意義な空間といえます。また、噴水を気に入った場所から写真におさめることは、一瞬たりとも同じ形状のない噴水の「あなただけの瞬間」を手に入れる贅沢な過ごし方です。記憶の輪郭をはっきりさせてくれる力が噴水にはありますから、その写真を見ると、いつでもそのときに戻れて、より愛おし

い思い出として感じられることでしょう。

ほかにも、いつもは近くの噴水を見にきているけれど、時間があるときなどは、行きたくても行けなかった遠くの噴水に会いに行くのも良いでしょう。アクティブに過ごすことでリフレッシュできるこの時間は、言うなれば、気軽に小旅行気分を味わえる時間となります。

最近では、噴水の魅力を伝えるといった過ごし方もあります。特に噴水文化をもつ国々の外国人観光客などは、異国の噴水にも興味を示しています。噴水を見に訪れる人に、噴水の歴史や特徴などを説明するのです。観光ボランティア的といったらいいでしょう。説明することで、より深く噴水を理解することができる充実した時間になります。

昼間は忙しくてなかなか噴水を見に行く時間がとれないという人は、ライトアップされている夜の噴水を見るのもいいでしょう。多くの噴水は日暮れとともに噴き出される水が止まってしまうのですが、日没後に噴き出される水に照明を当て、昼間の顔とは異なる表情を見せてくれます。なかには、美しいメロディーとともに水が噴き出される噴水もあります。音楽や光の大掛かりな演出は、1日のストレスを発散する過ごし方としてうってつけです。

心と体を充電することを目的とした過ごし方も悪くありません。時間があるときなど、家族や友達と過ごすのも楽しいですが、噴水を眺めながら一人で何も考えずにボーっと時間を気にせずに過ごす。

それは、何気ないことのようですが、普段意外とできていない「ゆっくりとした時間を意識すること」で、心と体の緊張がほぐれてくるのです。木々の葉がそよ風に揺れる中、噴水の水の音を聞きながら、ときにはベンチでお昼寝なんて、なんて気持ちの良い過ごし方でしょう。

いちばん簡単なのは噴水の周辺の散歩です。時間を気にすることなく、頭を空っぽにして気の向くままに歩いたらいい。普段見落としていることに気づくかもしれません。

噴水といえば見るというイメージが強いかもしれませんが、これらは感じる過ごし方といえます。

現在、私たちはテレビや携帯電話など大量のプラスイオンの中で暮らしていますが、水が飛散する空気中に発生するといわれるマイナスイオンは、私たちを深くリラックスさせる働きがあるといわれ

ています。小川のほとりや滝の周辺、銭湯の浴室、そして、噴水の周辺などでも発生しているといわれているのです。噴水のそばでマイナスイオンに包まれていれば、プラスイオン漬けの体を解放してくれるでしょう。思いきり浴びて、日頃のストレスを癒したいですね。

そう考えると、噴水はストレスフルな現代社会を生きる私たちへの贈り物のようです。

ちなみに、噴水は目に映る美しい姿と不規則な水音がワンセットですが、ときには目を瞑って水の音色だけに耳を澄ましてみれば、あなただけの素敵なメロディーが聞こえてくるかもしれません。そう考えると、噴水は瞑想をするのにも最適な場所になります。

あるいは、ヘッドフォンで耳を塞ぎ、好きな音楽などを聴きながら噴水の姿を見れば、抜け落ちていた関心に気づくこともあるでしょう。

ここまで、さまざまな噴水との過ごし方をご紹介しましたが、決して特別なことをしなくてはいけないわけではありません。どんな過ごし方にも、噴水はどんと構えて、あなたの期待に応えてくれます。噴水には頼りにするだけの値打ちがあるのです。ぜひ自分に合った過ごし方で、充実した時間を過ごしてください。

ただし、「しっかり鑑賞しなくっちゃ」「写真を撮っておかなくっちゃ」と力が入り過ぎると疲れてしまいます。「これをやらなければいけない」と決めつけたり、「あれもこれも」と欲張ったりすると、楽

しめなくなるのです。

　以前の私がこれでした。せっかく噴水に出会ったのに、写真には残っていても心に残るものは何もなかったのです。写真を撮る、鑑賞もする、マイナスイオンも浴びなくてはと詰め込み過ぎて不完全燃焼にならないように、今できることをやりましょう。

「余裕のあるゆるい計画にしておくこと」
「この一瞬を大切にすること」
が大切です。そして、

　噴水に関する知識や経験ではなく、「目の前にある噴水をいかに楽しむか」という積極的な姿勢を忘れないことです。

　残念なことですが、今、噴水は度を越したエンターテイメント化をしているきらいがあります。ライトアップなどの派手な見せ方によって、その概念さえも大きく変わってきているようです。一言でいえば、噴水を純粋に楽しむというより、水と造形物以外の部分を楽しませていると言ったほうがいいでしょう。

　煌びやかなライトアップや大きな音など、流行を取り入れた手法で盛り上げる演出はまさにショーそのもの。静と動で言えば、まさに動。それが今の噴水の当たり前になっているようです。

　なかには、邪念を感じずにはいられないものも存在します。たしかに、ショー的なもののほうが楽しいし、人も集まり

やすいのでしょう。人の趣向によって異なりますが、大きく華やかな噴水のほうが好きという人も多いのではないでしょうか。もしかしたら、見る人の思い出にも残りやすいのかもしれません。

　もちろん、「魅せる」ことは悪いことではありません。見てもらわなければ、何よりも噴水の存在自体、危ぶまれてしまいます。しかし、忘れないでほしいのは、音楽や光がなくても十分「魅せる」ことができるのが噴水だということです。

　ショーの開始時間前には多くの人で賑わいますが、ショーが終わると、たくさんいた人たちはあっという間にいなくなり、閑散となります。それを目の当たりにすると、いつも寂しく感じます。

　エンターテイメント化されていない噴水を見る機会は格段に減ってきていますが、噴水は水と造形物の融合物。どんなに美しく水を噴き出させたとしても、造形物がなかったり、造形物を感じなかったり、造形物が見えなかったりすれば、魅力も半減します。その逆も然り。やはり、噴水は水と造形物をワンセットで感じられるほうがいい。

　そもそも、変化をすることが難しいのが噴水です。ですから、シンプルでいいし、シンプルが良いのです。ぜひ、そんな噴水とも過ごしてください。そして、心震える何かを感じてください。

㈢噴水語り

「噴水語り」とは、目にした噴水について「語る」ということです。これには不思議と癒す力があります。噴水に出会ったときの喜びや感動を思い出させるからです。

「噴水語り」は、朗読といわれるような、声に出して文章を読むこととは違い、経験した叙情的な内容を今まさに再体験しているかのように話していきます。たとえば、「公園に小さな噴水がありました」ではなく、「深い緑に覆われた公園の中に耳に心地良い水音を出す可愛らしい噴水がありました」と語れば、語り手の中に過去の記憶が鮮明に呼び起こされ、「あの噴水」が描かれます。噴水語りとは、まず自分自身に語りかけるものなのです。

語られる内容が噴水の歴史などであれば、誰が話をしてもその内容は同じものになりますが、出先で見た噴水は大きな噴水、ユニークな噴水、芸術的な噴水など、種類も形状も色もさまざまです。仮に、同じタイプの噴水だったとしても、置かれている場所や環境の違いから、噴水の印象も違ってきます。また、同じ噴水の周りに100人の人がいたとすれば、100通りの印象をもつことでしょう。つまり、自分だけの「あの噴水」との物語がそこにはあるのです。そう考えると、噴水語りとは大切な噴水との思い出をつなぐものともいいます。

物語の内容は、出会った日の時間、天気、気温、風景、体験、心情などに基づいて完成します。この順番で話さなければいけないという決まりはありませんが、噴水より遠い場所から徐々に噴水に近づいていくように話をするほうが物語はより鮮明になります。

語る時間は1〜2分で十分です。良い印象をもった噴水であればあるほど心地良い気分になります。その際、語る時間よりも余韻に浸る時間のほうを長くとることが重要です。それは、思い出された噴水によってもっと癒されることが多いからです。

昔話を伝えるような「語り部」であれば、間や声色、声の大小や緩急などを駆使した表現力が求められるでしょう。しかし、「噴水語り」の場合は、基本的には内容はすべて暗記して、そのときの状況をまるで日常の話をしているかのように話していきます。簡単に言えば、普段通りのしゃべりです。大切なのは、何よりも自分自身に向けて「あの噴水」が感じられるように話をすることです。

ただし、「噴水語り」にもちょっとしたテクニックがあります。それは、「間を多く、そして、長くとる」ことです。それによって、語り手が記憶を思い巡らす時間が多くなり、そのときの心情がより大きく膨らむからです。

そもそも、「直接目の前で噴水を見ているとき」と「以前見た噴水を思い出して

いるとき」では、気持ちや思いといった心の動きは違ってきます。それは、場所との距離感というより心の距離感といったほうが合っているでしょう。それを埋めてくれるのも「間」です。「噴水語り」をすることで、噴水との心の距離感がなくなり、まるで目の前に「あの噴水」があるように景色が広がるのです。

たとえば、「小さな噴水」について語るとき、「小さいながらも…迫力を感じさせる彫刻物で…生命力を感じた」といったように「間」をとることで、より具体的な雰囲気を伴って思い起こすことができます。このように「間」をとらないと、詳細な印象が思い起こされないままになることもあるのです。つまり、「間」を意識的にとることで「語り」のドラマ性が高められるともいえるでしょう。

ちなみに、語りのときに身振り手振りを伴って行なうと、話の内容をよりはっきりと感じやすくなります。「噴水語り」のように自分自身へ向けた話であっても、噴き出される水の動きや造形物の大きさなどを表現するときには、身振り手振りで形や大きさを表わしてみるといいのです。それは、身振り手振りを駆使して語ることは、語る内容と自分が一体化するように感じられ、「あの噴水」をより近くに感じさせるからです。「間」とともに「身振り手振り」も意識しておきましょう。

改めて言いますが、「噴水語り」にこうしなければいけないといった形はありません。あの人はああいう語りをするけど、私はこういう語りをする、でいいのです。大切なのは、語られた内容が自分に届くかどうか。そして、自分にどう感じられたかが大事なのです。

ぜひ、出会った一つひとつの噴水について語ってみてください。きっとそれがあなたの力になるはずです。

噴水との小さな出会いの物語

今、噴水との出会いから新しい物語が始まっています。全国から寄せられた投稿のなかからいくつか紹介することにします。

「噴水が温かく迎えてくれた」

（岡山県　20代・女性）

地元に東京から料理指導に来た先生に憧れて、先生のような料理人になろうと思い東京の専門学校へ入学しましたが、学費を払うことが難しくなり、志半ばで諦めることになりました。意気消沈して帰郷した際、岡山駅前の噴水が温かく迎えてくれているように感じました。「地元で頑張れ」と。

今は、飲食店でバイトをしながら、料理人になるための勉強をしていますが、元気をもらいたいときには、その噴水に会いに行っています。近く、無くなってしまうという話も出ていますので、どんなときでも思い出すことができるようにしっかりと目に焼き付けておきます。

「噴水の水に母親を感じられる」

（埼玉県　50代・男性）

　小さい頃、母親に連れられてよく銭湯に行っていました。湯船に浸かっているとき、私が「喉が渇いた」と言うと、母親は大きな蛇口から水を出しました。勢いよく流れ落ちる水に手を添えて、手のひらから水を飲ませてくれたのです。母の手のひらに口をつけて、心地良い飛沫を浴びながら飲んだ水は、私にとって人生で一番美味しい水でした。

　直接的には関係のないことのように思えるかもしれませんが、噴水が好きなのはそういった経験があったからだと思います。噴水の噴き出される水に近寄るほど、母親を感じられるのです。北浦和公園の噴水はその一つです。

「噴水の前で撮った父と母の写真を見て」

（北海道　50代・男性）

　父親が亡くなって8年程経ったある日、若い頃の父親の写真をタンスの中から見つけました。その時代としては珍しい噴水の前で撮った写真です。そこには私が知っている父親の顔とは違う男性の顔がありました。

　また別の日に、母親と一緒に母親の若い頃の写真を見ていたら、やはり噴水の前で撮られた写真を見つけました。キラキラと輝いた表情が印象的でした。この噴水前の二人の写真を見ていたら、二人の子どもとして生まれて良かったと思いました。そして、大通り公園に行って、私も噴水の前で写真を撮りました。

「祈りの泉は平和のシンボル」

（広島県　20代・女性）

　小学生のとき、平和記念公園被爆体験をされた方の話を聞く機会がありました。それが私の平和への想いの土台となっています。特に、「快晴の空から真っ黒い雨が落ちてきた」という話は衝撃的でした。世界が平和であるためにも、この話を語り継いでいかないといけないと、平和祈念資料館の前にある噴水（祈りの泉）の前を通るたびに思います。祈りの泉は、平和のシンボルともいわれる鳩が大きく羽ばたいているようです。日本を代表する噴水の一つといってよいのではないでしょうか。

「世界一の噴水ショーに感動」

（東京都　40代・男性）

　以前ラスベガスへ行ったとき、テーブルゲームで知り合ったディーラーさんに食事に連れていっていただきました。ディーラーがお客さんを食事に誘うということはありえないらしく、毎日、ゲームのテーブルに同席する他のお客様と仲良くなって場を盛り上げてくれることへの感謝とのことでした。帰りには、有名なベラッジオの噴水ショーを特別な場所から見せていただきました。

　ラスベガスにはそれまで10数回来ていましたが、毎回カジノ三昧で、観光というものは一切していなかったこともあって、当時の世界一と言われた噴水ショーに感動したのを覚えています。カジノより噴水ショーにはまってしまった私は、

その後、ドバイやバルセロナ、マカオなど世界各地の噴水ショーを見るために世界を飛び回るようになりました。

「噴水前での再会」
（神奈川県　40代・女性）

横浜に家族で出かけたときのことです。普段は家族と散歩なんてしないのに、その日は両親と共に中華街から山下公園まで散歩しました。公園内には水の守護神といわれる、高々と飛沫を上げている噴水があったので、見るともなしに見ていると、噴き出される水の向こう側に見えたのが20年も前にとても可愛がっていただいた会社の大好きな先輩でした。何という偶然でしょう。

再会はとても短い時間でしたが、先輩に会えて嬉しい時間を過ごしました。帰り際に振り返ってみたときの噴水は、来たときに見たよりも神様感が増しているようで、思わず笑ってしまったことを覚えています。最近は、両親と主人と一緒に噴水のある公園に出かけるのが週末の楽しみになりました。

「大切なことをいつも感じさせてくれる」
（沖縄県　60代・男性）

今、国営沖縄記念公園内のシーサーの噴水の前にいます。噴水を見ていると、不思議と今までの家族とのいろんな出来事を思い出します。

私が赤ちゃんのとき、鼻水が溜まって苦しそうにしていると、父は私の鼻に口をやり、鼻水を吸って楽にさせたそうで

す。ずっと頼もしい父親でした。

幼かった私と妹を背負いながら、流行りの洋食店に連れていってくれたのは母親。注文したのは私の海老フライ定食だけでした。はじめて食べたタルタルソースが忘れられません。きっと無理してくれていたのでしょう。いつも優しい母親です。

母親の背中を離れるようになった頃の妹の手はいつも私がにぎっていました。近所の子に唾をかけられたと聞けば、すっ飛んで文句を言いにいきました。頭を怪我したと保育園から連絡があったとき、とんで迎えに行ったのは私です。両脇に手を入れて妹を持ち上げ、子ども用の椅子に乗せたときの感触を昨日のことのように覚えています。とても可愛い妹です。

そんな私には今、いつも私のことを何よりも考えてくれる妻がいます。苦しいときも楽しいときも、一緒にいてくれるかけがえのない妻です。

そんな大切なことをいつも感じさせてくれる噴水は私にとってなくてはならない存在です。

「人の気持ちがすごく柔らかくなる」
（鹿児島県　30代・女性）

バルセロナのマジカ噴水ショーは常に多くの人でごった返しているのですが、後ろから赤ちゃんを抱いて訪れた女性を見かけた一人の男性が「すみません、誰か、赤ちゃんを抱いている人がいるから座れる場所を譲ってあげてくれ」と大きな声で言うと、「ここに来て」という声が

前からすぐに聞こえてきました。周りにいる人たちも通りやすいように道を開けていたシーンはとても印象的で、情熱の国、太陽の国スペインと言われますが、とても優しい熱情を感じられた瞬間でした。同時に、噴水を見ていると人の気持ちがすごく柔らかくなるのを感じました。だから、噴水って好き。

「娘は噴水の水を拍手のようにとらえていた」
（和歌山県　30代・男性）

　2歳になったばかりの娘をはじめて噴水のある黒潮公園に妻と連れて行ったときのこと。急に娘が拍手をしだしました。家の中にいるときなら、娘が何かできたときにする私たちの拍手を真似て一緒に手を叩くことはありますが、今は誰も拍手をしていません。

　しばらく観察していると、その理由がわかりました。娘は、噴水から噴き出される水が地べたに当たる音を拍手の音のようにとらえていたのです。地べたに当たる拍手のような水の音は不規則で、連続した拍手のようなときもあれば、まばらな拍手のようなときもあります。その音に合わせて迫手を続ける娘がとても可愛く思えました。

　今の娘の一番の楽しみは噴水を見に行くことです。イオンモール和歌山さんの敷地内にある噴水は大のお気に入りです。

「息子も私も噴水が大好き」
（愛媛県　20代・女性）

　息子は今年で5歳になりますが、体が弱いため、これまで1度もプールに入ったことがありません。噴水の周りで遊ぶことが息子にとっての夏の楽しみでした。そんな息子も今年からやっとプールデビューすることができました。楽しく遊んでいる息子に感想を聞くと「噴水のほうが楽しい」だって。いったいどれだけ楽しいんだか。私も噴水が大好きです。

　愛媛県内の噴水は決して多いとはいえませんが、今治や宇和島、松山城のお濠の噴水などよく見に行きます。噴水って子どもから大人にまで愛されるものなのですね。「はい、またサンポートの噴水に連れて行きますね！」

　最近「自由になりたい」という言葉が多くの人から聞かれます。

　話を聞いてみると十分自由のように感じますが、どうやら本人はそう感じてはいないようです。

　自由になりたいということは悪いことではありません。突き詰めれば、本来の自分になるともいえるからです。

　しかし、本来、自由というものには、一定の制限がつきものであることを忘れてはいけないでしょう。制限の中で生きたいように生きることが自由というものだからです。

　つまり、自由の意味を履き違えていては、本当の意味で自由を手に入れることはできません。多くの人が求めているものは、自由というものではなく、勝手気ままの追求です。それはとても自分勝手といえるでしょう。

　現代は心の時代といわれ、数多くの悩みや問題を抱えている人が少なくありません。誰かに聞いてもらいたい、わかってもらいたい、助けてほしいと思っている人がたくさんいます。

　そのような人たちへ、自分勝手な人が力になってあげることができるでしょうか。それでなくても、今、人間関係の希薄さが指摘されているように、人と直接的にかかわる機会もめっきり減っています。それでは、心と心、気持ちと気持ちのつながりさえももつことはできません。

　当然のことながら、私たちの気持ちや痛みを本当の意味でわかってもらうこともできないのです。もちろん、わかってあげたい、力になってあげたいという人がいないということではありません。

　私が言いたいのは、自己中心的な人が増えたという印象や、「人に会う」「人を見る」ということが少なくなったことで、たとえ言葉の意味や内容は理解できても、気持ちや考えをわかってあげられる人が少なくなったということです。人が人でなくなってきたと言ったら言い過ぎでしょうか。

　そもそも、私たちは人それぞれに違います。異なる考えや気持ち

をもっていますから、悩みや問題を抱える私たちに本当に必要なものは、誰かの主観や一般論ではありません。

　確かに、誰かの主観や一般論であっても、ときには助けになることもあるでしょう。しかし、その多くはその場しのぎでしかありません。

　伝えられる言葉の意味や内容とともに気持ちや考えをわかってあげられなければ、私たちの抱える悩みや問題などに対して、腑に落ちるような返答を得ることは期待できないのです。

　必要なのは、「私」へだけの言葉。それは、同じ悩みや問題を抱える人への言葉というものではなく、私たち一人ひとりへの言葉です。そんな言葉であれば、悩みや問題から解き放たれ、心から幸せや喜びを感じることも可能なのです。

　ではいったい、今の世の中で「誰が」力になってくれるのでしょう。「誰が」ではなく「何が」でもいいのです。私がこの本で伝えたいのは、「噴水」の力です。

　今思えば、噴水を意識しだした当初は、噴き出される水と造形物の美しさや一体感に感動するだけでした。しかし、いつの頃からだったでしょう。これまでの「見に行く」というものではなく、「会いに行く」という感覚をもつようになったのは。

　それは、家族や大切な人に「会いたい！」という想いと似ていました。人間関係で思い悩んだとき、仕事が上手くいかなかったとき、体調が悪いとき……。もちろん、それは悪いときばかりではありません。どんなときでも、家族のようにそばにいてくれたのが噴水です。

　噴水を人に見立てて見るようになってからは、私が必要としているたくさんの言葉をもらいました。だから今でも、悩みや問題があるとき、疲れたとき、何らかの出来事が起きたときなどには、今の自分が必要としている言葉をくれるであろう世界中の噴水に「会い」に行っています。もうかれこれ40数年。

　日頃から、良いもの、素晴らしいと思えるもの、そして、私たちに必要な言葉をくれる人には「気持ち」があると感じています。同

じように噴水にも「気持ち」があると言っていいでしょう。

　人は人にしか安心しないというより、人を感じられるものに安心します。そう考えると、噴水は私たちにとって、自分のことをわかってくれる人同様に心強い存在といえるでしょう。噴水には、私たちを助ける「力」があるのです。

　ですから、これからは、「あっ、噴水だ！」「あっ、水が出てる！」で済ませるのではなく、噴水をもっと意識してみませんか。目の前に噴水があるのなら、「目をやる」というより、「そこにいる」ようにしっかり見るのです。きっと、あなたを支えてくれるような大切な「人」を感じられることでしょう。

　時折、水盤の中にゴミが捨てられていたり、彫刻物が汚されたり、傷つけられたりするのを見かけることがありますが、悲しい気持ちで胸がいっぱいになります。噴水は人のようだからです。私たちが寄り添えるものであり、私たちに寄り添ってくれるものだからです。

　それはとても大切なもの。

　噴水はさまざまな効果を私たちにもたらしてくれるだけでなく、温暖化対策の一つとして熱を抑える効果も期待される、地球にとっても必要不可欠な存在です。そんな噴水は、まさに今を生きる私たちへの贈り物といえるでしょう。

　ぜひ、私たちが楽しく幸せに生きていくために噴水を大切にしてください。

　最後になりますが、第一弾となった『生きづらい自分がすーっと楽になる「こころのゆるめかた」』をお読みいただいた皆様からのたくさんの興味と関心は、噴水の新たな可能性を公言するための支えになりました。

　何よりも、噴水を「語る」書籍が世界中の何処を探してもないなかで、前書に引き続き本書も、総合出版コスモ21の代表取締役社長である山崎優氏のご支援なしには生まれなかったと思います。ここに心からお礼を申し上げます。本当にありがとうございました。

世界で見つけた！
噴水と過ごす「幸せ」な時間

2021年7月14日　第1刷発行

著　者―――地蔵保幸

発行人―――山崎 優

発行所―――コスモ21
☎171-0021　東京都豊島区西池袋2-39-6-8F
☎03(3988)3911
FAX03(3988)7062
URL https://www.cos21.com

印刷・製本――中央精版印刷株式会社

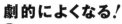